Die Architektur der Davoser Alphütten

Die Architektur der Davoser Alphütten

Ernst Ludwig Kirchners «Alte Sennhütte» und ihr Vorbild

Herausgegeben von Andres Giedion

Mit Beiträgen von Andres Giedion, Annigna Guyan, Eberhard W. Kornfeld und Arthur Rüegg und einem Fotoessay von Thomas Burla

Scheidegger & Spiess

Verlag und Herausgeber danken für die Unterstützung, die das Erscheinen
dieses Buches ermöglicht hat:

Kulturförderung, Kanton Graubünden
Central Sporthotel, Davos
Walservereinigung Graubünden
Landschaft Davos
Bündner Heimatschutz
sowie weiteren Gönnern

Schutzumschlag
Vorderseite: «Alte Sennhütte» auf der Stafelalp, Foto Thomas Burla
Rückseite: E. L. Kirchner, *Blick auf Stafelalp* (auf Brief an Frau Dr. Helene Spengler-Holsboer),
Federzeichnung in Tusche 1917/18, 27,3 x 21 cm, Sammlung E.W.K., Bern/Davos

Frontispiz: Ernst Ludwig Kirchner, *Eingangshalle und Küche
der alten Müllerhütte auf der Stafelalp* [«Alte Sennhütte»],
Aquarell, 45 x 59,7 cm, Sammlung E.W.K., Bern/Davos

Gestaltung: Guido Widmer, Zürich

© 2003 Verlag Scheidegger & Spiess AG, Zürich
ISBN 3 85881 142 4

Inhalt

7   Andres Giedion
    Einleitung

10 Eberhard W. Kornfeld
    Die Stafelalp ob Frauenkirch

21 Andres Giedion
    Die «Alte Sennhütte» von Ernst Ludwig Kirchner, das Paradestück
    eines Davoser Alpeinhofes

45 Thomas Burla
    Stafelalp

63 Andres Giedion und Annigna Guyan
    Der Davoser Alpeinhof, eine Schöpfung der anonymen Architektur

99 Annigna Guyan
    Tradition und Neues Bauen. Der Holzbau in Davos

113 Arthur Rüegg
    «Ewige Gegenwart» – Zur Aktualität alter Davoser Baukonzepte

118 Anmerkungen, Literatur und Bildnachweis

Einleitung
Andres Giedion

Der Ausgangspunkt der vorliegenden Studie ist persönlicher Art: Meine Eltern verbrachten in den Zwanziger- und Anfang der Dreissigerjahre regelmässig zwei bis drei Monate, vorwiegend zwischen Januar und März, auf der Lengmatte bei Frauenkirch/Davos. Bei verschiedenen Bauernfamilien in Untermiete gingen sie in aller Abgeschiedenheit ihren Studien und Arbeiten nach. Die Einleitung zum ersten bedeutenden Werke meines Vaters, Sigfried Giedion, *Bauen in Frankreich,* endet mit der Datierung «Frauenkirch-Lengmatt, Februar 1928».

Daneben wurde aber auch intensiv Ski gelaufen, eine Sportart, die besonders mein Vater mit eleganten Telemarkschwüngen souverän beherrschte. Wir Kinder waren im Vorschulalter und in den anschliessenden Jahren mit dabei, die Lengmatte wurde für uns eine zweite Heimat. Der enge Kontakt zu den Bauernfamilien eröffnete uns eine neue Welt.

Erlebnisse wie die winterliche sausende Fahrt als Fünfjähriger, hoch oben auf einem «Häustückli» festgekrallt, die «Häuschleuf» von den Meder der Erbalp hinab auf die Lengmatte, sind mir bis heute unvergesslich. «Häustückli» sind die über einen Meter hohen, quaderförmigen Heubündel, die auf snowboardähnlichen hölzernen «Häuschiite» befestigt waren; mehrere Stückli wurden zu

1
Sigfried Giedion an der Arbeit, Lengmatte, Dreissigerjahre.

2
Sigfried Giedion mit dem Verfasser beim Holzsägen vor Ulrich Sprechers Haus, um 1930.

einem «Häuzug» zusammengekuppelt, der dann auf einer meist vorbereiteten «Häuschläuf», einer Tiefschneespur, ins Tal gelenkt wurde. Als Lenkerin und vor allem als Bremserin mit mächtigen eisernen Dornen an den Schuhen hielt sich Ursula Biäsch-Gruber an den Stricken vorne am ersten Häustückli fest und führte das schwere Gefährt sicher ins Tal. Sie war meine grosse Liebe und ich ihr «Herzkäferli».

Um auch meinen Kindern ähnliche Eindrücke zu ermöglichen liess ich wiederum auf der Lengmatte, 35 Jahre später, einen Kuhstall aus dem Jahr 1842 behutsam als Ferienhaus einrichten. Dort ist es uns vergönnt, die Ausstrahlung des nicht vertäferten, nur mit Moos abgedichteten meisterhaften Strickbaus mit den mächtigen, handbehauenen Balken in den grosszügigen Innenräumen immer wieder auf uns wirken zu lassen.

Dies führt zu meinem eigentlichen Anliegen: Gewiss ist es von Interesse, auf einzelne Bauprinzipien des Davoser Alpeinhofs hinzuweisen. Wichtiger erscheint es mir, zu zeigen, was diese Bauwerke, einzeln oder in Gruppen und in ihrem Umfeld, im modernen Menschen auszulösen vermögen. Sie verfügen über eine Sprache, die nur wenig mit sentimentaler «Heimeligkeit» zu tun hat: Sie erreichen durch ihre nachvollziehbare Integration von Baumaterial, Form, Funktion und Eingliederung in die Umgebung genau das, was wir bei baulichen Entwicklungen heute so oft vermissen.

Auch die Entdeckung der «Alten Sennhütte» war vorgebahnt: Bereits als Gymnasiast begeisterte mich Kirchner, damals besonders mit seiner frühen Davoserzeit, und ich verfasste eine ziemlich naive Schularbeit über den Künstler. 1941 oder 1942 besuchte ich, zusammen mit Hugo Weber (1918–1977), der später als Maler des abstrakten amerikanischen Expressionismus bekannt wurde, Erna Kirchner auf dem Wildboden und war überwältigt von den dort gestapelten Bilder. In der von Eberhard W. Kornfeld 1988 betreuten Ausstellung über die Davoser Zeit 1917 bis 1923 begegnete ich erstmals der «Alten Sennhütte».

Zehn Jahre später folgte dann ein Vortrag an der Jahresversammlung der Kirchnergesellschaft, in dem ich meine Typologie des Davoser Alpeinhofes vorstellte.

Im Beitrag *Die Stafelalp ob Frauenkirch* beleuchtet Eberhard W. Kornfeld die Geschichte der Stafelalp und ihre Bedeutung im Werk von Ernst Ludwig Kirchner. Im Kapitel *Die «Alte Sennhütte» von E. L. Kirchner, das Paradestück eines Davoser Alpeinhofes* dokumentieren und analysieren wir das zentrale Bauwerk unserer Untersuchung. Dabei steht das subjektive Erlebnis vom Inneren und dann vom Äusseren der Hütte in unserer Zeit im Vordergrunde. Der mit Annigna Guyan zusammen verfasste Beitrag *Der Davoser Alpeinhof, eine Schöpfung der anonymen Architektur* stellt auf Grund von 48 untersuchten Hütten die Typologie des Alpeinhofs vor, unter Berücksichtigung des alpwirtschaftliches Umfelds, der geographische Verteilung und, allerdings mit nur spärlichen Daten, auch der Geschichte. *Tradition und Neues Bauen. Der Holzbau in Davos* von Annigna Guyan setzt die weitere Entwicklung der Holzanwendung in Beziehung zu den traditionellen Blockbauten und zeigt auf, dass in Davos, trotz der

3
Ursula Biäsch, um 1928.

4
«Handy», aus der Hütte Ob1.

5
Stall mit zwanzig «Baine-Chüe» (Sprunggelenksknochen von Kühen), ausgelegt von einem Kind vor der Hütte Ch3 auf der Chummeralp.

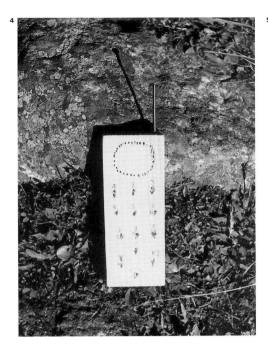 

Dominanz von Massivbauten, eine kontinuierliche, durch Brüche geprägte Auseinandersetzung mit der Ressource Holz stattgefunden hat. *«Ewige Gegenwart» – Zur Aktualität alter Davoser Baukonzepte* von Arthur Rüegg zeigt, wie die Typen des Davoser Alpeinhofs heute wieder hochaktuelle architektonische Vorstellungen vorweggenommen haben. In einem Fotoessay schildert Thomas Burla die Schönheit der anonymen Architektur der Davoser Alphütten. Die Konzeption der vorliegenden Beiträge und das Erstellen der verschiedenen Pläne und Schemata wurden von Annigna Guyan erarbeitet und zusammengestellt.

Nur das freundliche Entgegenkommen der Besitzer und Bewohner der besprochenen Alphütten ermöglichte diese Arbeit. Ihnen allen, besonders der Familie Hanni Ambühl-Egli, möchten wir an dieser Stelle herzlich danken.

Unser Ziel ist, mit dieser Schrift auf die baulichen Schätze aufmerksam zu machen, die, trotz verändertem wirtschaftlichem Umfeld, dank der liebevollen Pflege durch ihre Besitzer noch in erstaunlicher Zahl auf den Davoser Alpen anzutreffen sind. Der Wandel der Zeit, der auch vor dem schönsten Alpeinhof nicht Halt macht, drückt sich allerdings fast symbolisch im Kinderspielzeug aus, das wir kurz nacheinander bei zwei verschiedenen Hütten antrafen.

Die Stafelalp ob Frauenkirch

Eberhard W. Kornfeld

Sie liegt auf 1900 m Höhe, nahezu auf der Waldgrenze, am unteren Rand der bis zum Körbshorn aufsteigenden, freien Weiden, auf einem kleinen Plateau. Hier sömmern die Bauern von Frauenkirch, vor allem die der «Lengmatte», die von den Häusern «In den Lärchen» und die von den «Matten», aber auch von einzelnen Höfen links des Frauentobels, seit Urzeiten ihr Vieh. In Form einer Alpgenossenschaft (eigentlich «Atzungsgenossenschaft») sind ihre Interessen seit langen Jahrhunderten zusammengefasst, und gemeinsam betreuen sie den Unterhalt der weitläufigen Weiden, die Sennerei (heute Unterkunft des Hirten), den Strassenbau, die Waldnutzung und die Milchwirtschaft. Vierzehn Familien bilden zurzeit die Genossenschaft, meist noch heute in Frauenkirch wohnhafte, alteingesessene Geschlechter wie die Accola, Ambühl, Bätschi, Biäsch, Däscher, Gadmer, Meisser, Erben Monsch, Müller, Pleisch, Prader, Erben Ruesch, Sprecher und Tarnutzer. Sie sind die Besitzer oder Pächter der Weiden auf der Stafel und des Bodens, auf denen die Hütten stehen, sowie der beiden Vorweiden (Sonderweid, untere Weid) auf dem Gebiet um die «Melcherne», links und rechts des «Sutzibaches», wo das Vieh im Frühjahr und Herbst je etwa zehn bis fünfzehn Tage gehalten wird. Während des Sommers verteilen sie sich auf die vierzehn Wohnhütten auf der Alp, eine davon eine Doppelhütte, in denen auch die Viehstallungen untergebracht sind, gruppiert um die der Genossenschaft gehörende, weiss getünchte alte Sennerei. Zwei kleine Ställe ergänzen den malerisch gruppierten Gebäudekomplex.

Der Name «Stafel» wird einerseits vom schönen, durch das kleine Plateau bedingte «Stafel» hergeleitet, wie der Besammlungsplatz der Kühe genannt wird, andererseits aber auch von der Bauart der Wohnhütten, die sich auch «Stafel» nennt, dem Holzbau, in dem im Erdgeschoss die Stallungen für das Vieh und im oberen Geschoss die Wohn- und Schlafräume für die Bauern und ihre Helfer untergebracht sind. Die Küche mit dem offenen Feuerplatz, in der in früheren Zeiten auch der Käse hergestellt wurde, kann, je nach Lage des Hauses am Hang, neben den Stallungen im Erdgeschoss oder auch auf der Höhe der Wohnräume liegen, früher immer mit Rauchabzug ins offene Dachgebälk. Noch heute ist die Stafelalp ohne Elektrizität, einzig das Telefon hat 1947 in die 1936 ursprünglich vom Wirtepaar Bezler in der alten Ambühl-Issler-Hütte eingerichteten Berghauswirtschaft und ehemals Jugendherberge Einzug gehalten.

Datierte Bauten kommen auf der Stafelalp verschiedene vor. Der wohl älteste ist die alte Müller-Hütte, heute den Ambühls gehörend, die durch die originelle Anlage besticht und wo sich in der Eingangshalle, wo auch die alte, offene Feuerstelle liegt, an der Türe zum alten Käsekeller das Datum 1644 findet, sofern man dort bei einem späteren Bau nicht einen alten «Obertürner» gebraucht hat. Der Bau oder die Erweiterung dieser Hütte ist mit 1798 datiert. Daten auf anderen Hütten stammen aus den Jahren 1790, 1796, 1800 und 1838. Neuere Hütten sind von 1908, 1916, 1926 und 1931. Ein baufällig gewordener Stall, der auf vielen Bildern Kirchners figuriert, ist vor 1930 abgebrochen, in den letzten Jahren aber wieder durch eine Lagerungshütte ersetzt worden.

Den Zeichen der Zeit haben sich die Genossenschafter nie verschlossen. 1881 wurde die zuvor in den einzelnen Häusern vorgenommene Käseherstellung in der neu erbauten Sennerei zentralisiert. Das für damalige Verhältnisse grosse Gebäude bot im Untergeschoss Raum für die Küche und den Feuerplatz unter dem grossen Milchkessel, den Kühlraum für die Abendmilch und den Lagerraum für die halbgrossen Bergkäselaibe. Im Obergeschoss liegen die Wohnräume für die Käser und heute für die Hirten. Um die Alp von Frauenkirch aus gut zugänglich zu machen, wurde der alte Kuhweg 1908 mit einem Beitrag von Bund und Kanton zu einer noch heute ihre guten Dienste leistenden Fahrstrasse ausgebaut. Diese Strasse war die Grundlage zum Verzicht auf die Käseherstellung auf der Alp und zur Lieferung der Milch direkt an die 1905 in Davos auf genossenschaftlicher Basis gegründeten zentralen Molkerei. Von nun an wurde die Milch mit einem Pferdefuhrwerk täglich am Morgen nach Davos geliefert. Nur wenn in der Molkerei «Milchüberfluss» herrschte, wurde bis 1922 auch ab und zu noch auf der Stafel Käse hergestellt. Die Käserei war bis zum Umbau im Jahre 1975 nahezu in ihrer alten Inneneinrichtung noch intakt.

Im Holzschnitt *Drei Wege* (Dube 303), im Sommer 1917 auf der Stafelalp geschaffen, stellt Kirchner die drei auf die Stafelalp führenden Wege dar: die 1908 gebaute Fahrstrasse, den alten (recht steilen) Weg für die Kühe und den sehr steilen Fussweg für die Eiligen, die Direttissima.

Gemolken werden die Kühe morgens vor dem Aufstieg auf die Weiden und abends nach der Rückkehr in die Stallungen der einzelnen Hütten. Das Jungvieh und die «Galti» aber bleiben auch während der Nacht oben auf den Weiden. Noch heute sömmern auf der Stafelalp an die siebzig Milchkühe und um die vierzig Stück Jungvieh. Auf das Sömmern der Ziegen, für Kirchner noch beliebte Modelle, wird seit den Jahren um 1960 verzichtet, neuerdings sieht man sie aber wieder vereinzelt. Trotzdem wächst das Gebiet der alten «Geissweide», zwischen den Windungen der auf die Stafel führenden Strasse gelegen, mehr und mehr zu und ist heute wieder stark bewaldet.

Die Genossenschaft wird demokratisch geführt. Die Mitglieder wählen in einem Turnus den Präsidenten, der die Genossenschaft nach aussen vertritt und die Versammlungen leitet, den Schriftführer, der die Beschlüsse und Entscheidungen der Versammlungen in einem Protokoll schriftlich festhält und in jährlichem Turnus zwei Alpmeister, die für die Hirten und die Alpordnung zuständig sind. Geführt werden drei Rechnungen: die Alp-, die Wald- und die Güllenrechnung. Jeder Atzungsgenosse verfügt über eine gewisse Anzahl von Weidrechten. Gesamthaft stehen allen Staflern zurzeit (die Anzahl veränderte sich im Laufe der Jahrhunderte) 153 «Kuhweiden» zur Verfügung. Eine «Kuhweide» kann unterteilt werden, eine «Mese» (Rind) nimmt die Hälfte, ein Kalb einen Viertel und eine Ziege (auch Gitzi) ebenfalls einen Viertel in Anspruch. Schafe (wie Ziegen berechnet) werden auf der Weide des Jungviehs toleriert, sind aber auf der Kuhweide verboten. «Einzählen», das heisst die Information, wer was für die Sömmerung auf der Stafelalp vorgesehen hat (man kann «Kuhweiden» auch verpachten), findet am 13. Juni statt. Für Arbeiten im Allgemeininteresse werden Atzungsgenossen zum «Gmeinwerch» (gemeinsames Arbeiten) aufgeboten, die Strasse ist in Lose aufgeteilt, jeder Stafler betreut ein ihm zugeteiltes bestimmtes Wegstück.

Nach seinen Weidrechten, respektive der effektiven Anzahl von Kühen und Jungvieh, die auf der Alp sömmern, wird, auf Grund der allgemeinen Unkosten wie Hirtlohn, Strassenunterhalt, Salz für die Salzlecke und Ähnliches, an der Ver-

6
Ernst Ludwig Kirchner, *Drei Wege*, 1917, Holzschnitt, 50 x 33,7 cm, Dube 303.

sammlung vom 25. September, der «Lohnschnitzig», ein pro Kopf Vieh bestimmter Betrag eingezogen.

Als das obere Haus «In den Lärchen», Ernst Ludwig Kirchners Wohnhaus von Herbst 1918 bis Herbst 1923, im Herbst 1981 für eine Renovation geräumt werden musste, fand sich in einer zuvor verschlossenen Futterkiste, die in der angebauten Vorratskammer und Fleischtrocknerei stand, zusammen mit Dokumenten aus dem 19. Jahrhundert ein Zinsbrief zu Lasten des Gutes «In den Lärchen», von der Hand eines kundigen Verwaltungsschreibers in frühgotischer Bâtarde auf Pergament geschrieben, datiert vom 13. Dezember 1477, am «Freitag vor Sankt Lucientag». Der Fund des Zinsbriefes war ein Glücksfall, der dem Wissensstand über die Geschichte der Hofgruppe «In den Lärchen» und der Stafelalp neue Akzente beifügte. Erstmals wird das Gut «In den Lärchen» namentlich genannt, unter Bezeichnung der Grenzen, erstmals ist aber auch die Stafelalp erwähnt, und damit kann die Existenz der Alp als Sömmerungsmöglichkeit des Viehs von Bauern vor allem aus Frauenkirch mindestens bis ins frühe 15. Jahrhundert belegt werden. Der Zinsbrief geht sicherlich auf die Rechte der Lehensherren von 1289 zurück, als Walter V. von Vaz dem «Ammann Wilhelm und sin Geselen», wohl aus dem Goms im oberen Wallis stammend, gegen mässigen Zins, vor allem in Naturalien, das Davoser Hochtal als Siedlungsgebiet in Erbleihe zuteilte. Nahezu 200 Jahre später, 1477, war der Zins endgültig in Geld umgewandelt. Der Brief musste neu gefasst werden, weil 1477 (das Jahr, in dem das Gebiet um Davos vom Grafen Ulrich von Matsch, der seinen Sitz im Vintschgau hatte, wieder an Herzog Sigismund von Österreich überging) das Gut von einem neuen Besitzer erworben wurde. Die Verkäufer, Hans Syfrit «und des Webers Kinder», hatten die Käufer, die Geschwister «Jöri und Christina», des «Andres Heintzen in der Kumben seligen ehelichen Kinder», gebührend auf die Zinsverpflichtung gegenüber Ulrich Beeli, ehemals Landammann von Davos, nun Vogt auf Belfort, aufmerksam gemacht. «Von alters her» sei die Zinsverpflichtung «darauf gestanden», das Gut muss also immer mit einer Zinsverpflichtung vererbt oder verkauft worden sein. Ulrich Beeli seinerseits hat die Berechtigung, den Zins einzutreiben, bar «mit einem Pfund Heller» erworben, wohl sicherlich von seinem Amtsvorgänger auf der Burg Belfort, die bis zum Aussterben der Freiherren von Vaz, der Geber der «Erbleihe», im Jahre 1337 deren Wohn- und Verwaltungssitz gewesen ist. Von 1289 bis 1337 musste der Zins an die Vazer, von 1338 bis 1438 an die Toggenburger, von 1439 bis 1466 an die Montfort, von 1466 bis 1471 an die Österreicher, von 1471 bis 1477 an die Matsch und von 1477 bis 1499 wiederum an die Österreicher bezahlt werden, die nach den Vazern durch Vögte auf Belfort vertreten waren. Anzunehmen ist, dass 1498 die letzte Zinszahlung auf Belfort erfolgte, am 11. November 1499, dem nächsten Zinstag, lag Belfort als ein Zeugnis österreichischer Dominanz im Gefolge des «Schwabenkrieges» bereits in Ruinen.

Im Zinsbrief von 1477 werden zuerst die Grenzen des Gutes «In den Lärchen» bezeichnet, unter anderem auch «zer andren Sytten an die Foppen» (das noch heute «Foppa» bezeichnete Tälchen, das sich von der Melchernen den Berg hinaufzieht und durch das die frühere Strasse auf die Chummeralp führt), und dann die Rechte und Pflichten im Verhältnis zur Stafelalp bezeichnet: Das «obgeschribne guott mit grund und grad mit wun und wayd nämlich Nün kue wayd minder ein fiertel ainer kü wayd am layden Staffel und mit Steg und weg mit tach und gemach nämlich und Schletenklich mit allen Rechten nutzen und guotten gewonHaitten So von alter guotter gewonHaiten dar zuo und Dar In gehört und gehören sol nütz davon gelassen noch Hin Dan gesetzst und Sollen und wellen...» In ein heute verständliches Deutsch übertragen, liest sich der Passus wie folgt: «Das obgenannte Gut mit Grund und Grat (in ganzer Ausdehnung, von unten bis oben) mit Wunn und Weide (Wiesland und Weide), nämlich neun Kuhweid-(rechten) weniger ein Viertel eines Kuhweid-(rechtes), am leiden Stafel (adjektivisch: schlecht), mit Steg und Weg, mit Dach und Gemach, namentlich und gänzlich bekannt, mit allen Rechten, Nutzen und guten Gewohnheiten, uns was von alter guter Gewohnheit her dazu und dahin gehört hat und gehört, davon soll nichts (weg)gelassen noch hintan gesetzt werden.» (Übersetzung Dr. Elisabeth Messmer, Chur)

Nach der Erstbesiedelung durch die Walser im Jahre 1289 müssen die sonnigen und fruchtbaren Böden in und ob Frauenkirch schnell entdeckt worden sein, sicherlich nur wenige Jahrzehnte später werden auch die Weiden ob der Waldgrenze genutzt. 1477 war die heute noch gültige Organisation des Weidebetriebes «von alter guter Gewohnheit her» schon seit langer Zeit in Betrieb, der einzelne Bauer verfügte auf der Alp über «Dach und Gemach», und er hatte dafür Sorge zu tragen, dass «Steg und Weg» (Die Brücke über den Sutzibach und ein für Vieh und Mensch gut gangbarer Weg von der Melcherne auf die Stafelalp) gut unterhalten waren. Aufhorchen lässt die Bezeichnung «am layden Staffel». Noch heute hat sich, durch viele Generationen überliefert, die Erinnerung aus früheren Zeiten erhalten, dass alle oder wenigstens einzelne Hütten nicht auf dem Platz der heutigen Stafelalp, sondern nahezu 800 m westlich, in den «Blackten» oberhalb des «Chinntobel» und des «Foppabodenwald», auf der anderen Seite der beiden Zweige des Sutzibaches gestanden hätten. Eine Begehung des Geländes zeigte zahlreiche Möglichkeiten auf, wo diese Hütten gestanden haben könnten, Mauerwerk liess sich im Sommer 2001 aber nicht mehr nachweisen. Dieser «leide Stafel» sei wegen der häufigen Natureinwirkungen und auch wegen der angestrebten Zentralisation später aufgegeben worden. So ist zu vermuten, dass das Gut «In den Lärchen» damals Hütte und Alprechte «am leiden Stafel» hatte.

Die kürzlich erfolgte Durchsicht von zuvor in ihrer Bedeutung unterschätzten Unterlagen hat neue Erkenntnisse ermöglicht. Die handschriftliche Fassung der «Weide und Bestellordnung», datiert vom 23. Mai 1856, scheint, neben dem Zinsbrief von 1477, das älteste erhaltene Dokument zu sein. Es ersetzt, wie im Text ausdrücklich erwähnt, frühere «Weidebriefe und Bestimmungen» aus den Jahren 1586, 1591 und 1655, die nun «einer Revision zu unterwerfen» sind. So ist das Dokument von 1856 vermutlich die erste schriftliche Fassung seit 1655, über 200 Jahre hatten die alten schriftlichen Dokumente offensichtlich Gültigkeit.

Nachträge zur Ordnung von 1856 stammen von 1865. In der nächsten vollkommen neuen schriftlichen Fassung, datiert vom 25. Juni 1887, werden heute nicht mehr erhaltene, einzelne Revisionen von 1871, 1876 und 1880 erwähnt. Die Vermutung, dass der Text von 1856 der älteste erhaltene Text sei, wird bestärkt durch die ausdrückliche Erwähnung von Bestimmungen, die im Text von 1586 noch figurierten und 1856 aufgehoben werden.

Die vollständige Neufassung ist vom 25. Juni 1887 datiert, sanktioniert wird sie von «Engi, Landschreiber» am 18. März 1888 in Davos; die Stafelalp teilt sich nun in 195 und ein Viertel Kuhrechte. Am Schluss des Textes stehen noch Ergänzungen und kleinere Änderungen von 1898 und 1909, deren Text dann übernommen wurde in die vom 16. Dezember 1909 datierte, erste gedruckte Fassung, die in Davos in der Presse von «Carl Neweczerzal» erschien. Unterzeichnet ist diese mit «Statuten der Stafler-Atzungsgenossenschaft» betitelte Fassung von den beiden Alpmeistern Hans Monsch (Siebelmatte) und Andres Müller (In den Lärchen), sanktioniert hat sie am 3. Mai 1910 in Davos «G. Sprecher, Landschreiber». Ab diesem Datum treten die neuen Statuten sofort in Kraft, von nun an liegen in gewissen Abständen nur wieder leicht revidierte gedruckte Fassungen vor. Revisionen werden nun mit der Maschine geschrieben, so eine «Statutenrevision der Stafler Atzungsgenossenschaft vom 22. Dezember 1935», diesmal sind es 153 Kuhweiden für die «obere Weid», das Gebiet des Stafels.

Die Stafelalp ist durch Ernst Ludwig Kirchner weltberühmt geworden. Kirchner war im Frühsommer 1915, schon 35 Jahre alt, zu einer Rekrutenschule bei der fahrenden Artillerie nach Halle an der Saale aufgeboten worden, hielt aber die Ausbildung psychisch und physisch nicht durch und wurde unter der Verpflichtung, sich bei Besserung seines Gesundheitszustandes wieder zu melden, entlassen. 1916 hielt er sich weitgehend in Sanatorien in Königstein im Taunus und in Berlin auf, bevor er im Januar 1917 durch die Vermittlung von Dr. Eberhard Grisebach erstmals nach Davos fahren konnte, aber nach 10 Tagen, der grossen Kälte wegen, bereits wieder nach Berlin zurückreiste. Anfang Mai 1917 kommt er erneut und begibt sich in die Pflege von Dr. Lucius Spengler. Aus Berlin hat Kirchner eine «Schwester Hedwig» mitgebracht, die seine Pflege sicherstellen soll. Sehr krank, ausser der psychischen Komponente, ist er nicht, er simuliert und versucht seine Umgebung zu täuschen, um ja nicht in das kriegsgeplagte Deutschland zurückkehren zu müssen. In Davos kommt er sich durch Dr. Spengler sehr kontrolliert vor, und so versucht er auszuweichen. Schon am 24. Mai erwähnt Lucius Spengler, dass Kirchner im Sommer auf einer Alp wohnen möchte. Er denkt zuerst an die Lochalp oder die Ischalp, aber am 19. Juni schreibt Helene Spengler, dass Kirchner durch die Vermittlung von Schwester Hedwig eine Hütte auf der Stafelalp gemietet habe: «Nun hat er seinen Willen und für 2 Monate bleibt er vielleicht dort. Er kann nun zeigen, ob er noch arbeiten will und gesund werden. Seit man ihm die Schlafmittel [Veronal] und den Alkohol genommen hat, ist er viel schlapper, diese kratzten ihn noch zeitweise so auf, dass er zusammenhängend und lebhaft erzählte. Vorgestern fuhr er sich nur immer ver-

7

7
Ernst Ludwig Kirchner,
Kühe und Hirten,
Holzschnitt, 1917,
34 x 50,5 cm, Dube 300.

zweiflungsvoll durch die Haare und bemühte sich von mir wieder Gift [wohl Morphium] zu erwirken... Die Stafelalp hätte da viel zu klären.»

Kirchner und Schwester Hedwig lassen sich in der Villa Pravigan, gegenüber dem Spenglerschen Hause, wo sie seit ihrer Ankunft wohnen, von einer Kutsche abholen, fahren nach Frauenkirch bis zum «Stutz», wo die schmale Strasse auf die Stafelalp abzweigt, und steigen dort auf das Milchfuhrwerk des Stafler Bauern Andres Müller um, der die beiden auf die neue, 1908 gebaute «Rueschhütte» auf der Stafelalp bringt. Frauenkircher Augenzeugen erinnerten sich noch lange, dass Kirchner kreidebleich gewesen sei und einen zerfallenen Eindruck gemacht habe. Kein Stafler habe geglaubt, dass hier eine Genesung möglich sei.

Kirchner lebte auf der Stafelalp nicht isoliert, er konnte sich auf den täglichen Fahrverkehr mit Davos verlassen. Malwerkzeuge scheint er nicht aus Berlin mitgebracht zu haben, aber schon Ende Mai besorgte Helene Spengler das Nötigste. Kirchner ringt in den ersten Wochen auf der Stafelalp mit sich und seiner Gesundheit und schreibt in einem Brief von der Stafelalp an seinen Freund Henry van de Velde: «Die Zeit ist sehr düster. Ich fürchte nichts mehr, als wenn das Kränkeln kommt. Ich möchte in der Welt und für die Welt verbleiben. Die hohen Berge hier werden mir helfen.» Kirchner hat Mühe, Hände und Füsse zu gebrauchen, auch in anderen Briefen aus dieser Zeitspanne stellt er sich als leidend dar. An Landgerichtsdirektor Gustav Schiefler in Hamburg, einen Freund und Sammler aus Dresdner Zeiten, schreibt er Mitte Juli, dass seine Situation wohl am besten mit «Lethargie der unfreiwilligen Ruhe» zu bezeichnen sei, und fährt dann fort: «Es passt nicht zu mir, mich pflegen zu lassen und gefüttert zu werden, ohne zu arbeiten. Ich bin völlig erschlafft und herunter mit den Nerven und kann

8
Ernst Ludwig Kirchner,
Stafelalp, Holzschnitt,
1917, 34,5 x 56 cm,
Dube 301.

9
Ernst Ludwig Kirchner,
Stafelalp, Holzschnitt,
1918, 33,5 x 56,8 cm,
Dube 379.

fast nichts von diesem schönen Lande aufnehmen und festhalten. Ein paar Berge sehe ich vom Bett aus und versuche mich manchmal daran, aber es wird nicht viel und so träume ich in halben Dämmerzuständen, bin müde ohne zu schlafen und kann mich nicht bewegen... Es ist eine grosse Ruhe hier, die einem wohltut, wenn man schaffen könnte, aber es geht trotz allem guten Willen noch nicht.»
Trotz all der Klagen scheint Kirchners Gesundheitszustand nicht so desolat gewesen zu sein, wie er darstellt. Er konnte arbeiten, und vor allem die Holzschnitte, die Kirchner im Sommer 1917 auf der Stafelalp schuf, sind sehr qualitätvoll und gehören heute zum Gesuchtesten aus dem ganzen graphischen Werk. Es ist erstaunlich, wie sich schon nach wenigen Wochen ein «Davoser Stil» herausgebildet hat, unverkennbar verändert gegenüber den letzten Berliner oder Königsteiner Holzschnitten. Auch Beweis dafür, wie schnell er die Charakteristiken der Stafler Bauern, der dort lebenden Tiere und der Landschaft erfasst hat und wie er all diese Elemente künstlerisch umsetzen konnte. Das Hauptgewicht bei der Graphik liegt auf elf Holzschnitten, die nach Kirchners eigenem Zeugnis im Sommer 1917 auf der Stafelalp entstanden sind, auch kommen die beiden Portraits van de Velde dazu, eines davon erst beim späteren Aufenthalt im Winter 1917/18 in Kreuzlingen im Sanatorium Binswanger vollendet. Erwähnenswert auch eine Reihe von Zeichnungen und Aquarellen, vor allem wichtig aber die fünf Ölbilder, die ebenfalls für den Sommer 1917 als gesichert gelten: *Die Kirche von Monstein* (Gordon 505), *Männerkopf mit Blumen, Portrait Henry van de Velde* (Gordon 489), *Aufgehender Mond, Stafelalp* (Gordon 561, dort datiert 1919), *Kopf Frau Dr. Spengler* (Gordon 484), *Stafelalp im Schnee* (Gordon 555, dort 1918/19 datiert).

Den Winter 1917/18 verbrachte Kirchner im Sanatorium Bellevue bei Dr. Ludwig Binswanger in Kreuzlingen, für den Sommer 1918 kehrte er auf die Stafelalp zurück. Im Herbst 1918 bezog er in Frauenkirch das Haus «In den Lärchen», für den Sommer 1919 ist ebenfalls ein längerer Aufenthalt auf der Stafelalp belegt, alle in der Ruesch-Hütte. 1920 war Kirchner wohl nur einige Tage oben, diesmal in der Hütte der Erbengemeinschaft Andres Müller (der Vater war im Januar 1919 gestorben). Es entstehen das Aquarell und das Ölbild *Alte Sennhütte*. Für die Sommer 1921, 1922 und 1923 lassen sich keine längeren Aufenthalte belegen, im Herbst 1923 zog Kirchner in sein neues Haus auf dem Wildboden und kam von dann an nur noch sporadisch auf die Alp. Im künstlerischen Werk von Kirchner haben die Stafelalp, ihre direkte Umgebung und ihre sommerlichen Bewohner tiefe Spuren hinterlassen.

Die «Alte Sennhütte» von Ernst Ludwig Kirchner, das Paradestück eines Davoser Alpeinhofes

Andres Giedion

Anlässlich der Ausstellung «E. L. Kirchner, Werke 1917–1923» 1988/89 im ehemaligen Davoser Postgebäude, dem intimen «alten» Davoser Kirchnermuseum, begegnete ich zum ersten Mal der Aquarellskizze und dem Ölbild «Alte Sennhütte». Der Betrachter blickt auf eine fast psychedelisch-expressionistische «Bühne» mit roten Glühzonen und blauen Wolken. Nur die auf dem Aquarell kaum erkennbare Hängelampe lässt erkennen, dass ein Innen- und nicht etwa ein Aussenraum vorliegt.

Eine Treppe führt zur drei Seiten umspannenden Galerie, und durch die beiden roten Türöffnungen bewegen sich zwei im Aquarell als Frauen erkennbare Gestalten. Der an ein uraltes Dampfschiff erinnernde Kochherd auf ebener Erde entlässt aus einem schwarzen, bis zur Galerie reichenden, offenen Rohr eine gewaltige blaue, an der Lampe vorbei zum Dach emporsteigende Rauchwolke. An der Wand gegenüber dem Herd steht eine Truhe. Auf der Galerie rechts sitzen vier blau gekleidete Männer. Zwei davon «schweben» im Rauch, und alle scheinen auf die gerade am Herd zubereitete Mahlzeit zu warten.

Eberhard W. Kornfeld lokalisierte die Szene in der Hütte (St7, Plan s. S. 94) auf der Stafelalp, in der Kirchner wahrscheinlich kurze Zeit im Sommer 1920 verbrachte, und hob ihre eigentümliche Bauweise sowie den nahezu unveränderten aktuellen Zustand hervor. Auch unter Berücksichtigung möglicher künstlerischer Freiheiten irritierte mich damals diese örtliche Zuweisung beträchtlich[1].

Der Stafel war mir von früher Kindheit an durch zahllose Besuche vertraut, einen Sommer hatte ich sogar in einer der Hütten verbracht. Ein derart monumentaler Innenraum mit Galerie erschien mir für die bescheidenen Stafler Verhältnisse undenkbar. Zu meiner Überraschung deckten sich jedoch Abbild und Wirklichkeit bis ins kleinste Detail! Kirchner fand hier nicht nur eine Projektionsbühne für seine Inspiration als Maler, die er mit der Ölfassung in ein farbliches «Furioso» umsetzte. Der Diplomarchitekt entdeckte gleichzeitig auch das schönste noch intakte Beispiel eines Davoser Alpeinhofes, wie die Einheit von Stall, Käserei und Wohnräumen unter einem Dach bezeichnet wird.

Zuerst möchte ich etwas von der Ausstrahlung der Innenräume, besonders der Käserei, vermitteln, um dann die Aussenansicht zu betrachten. Die Grund- und Aufrisspläne im Anhang (s. S. 40ff.) klären die exakten räumlichen Zusammenhänge und erlauben Rückschlüsse zur Entstehungsgeschichte der Hütte, eine kurze Betrachtung des Umfeldes bildet den Abschluss. Für die typologische Einordnung sowie die allgemeinen topographischen, wirtschaftlichen und historischen Aspekte verweisen wir auf den ersten und dritten Beitrag.

Planzeichnungen
von Annigna Guyan

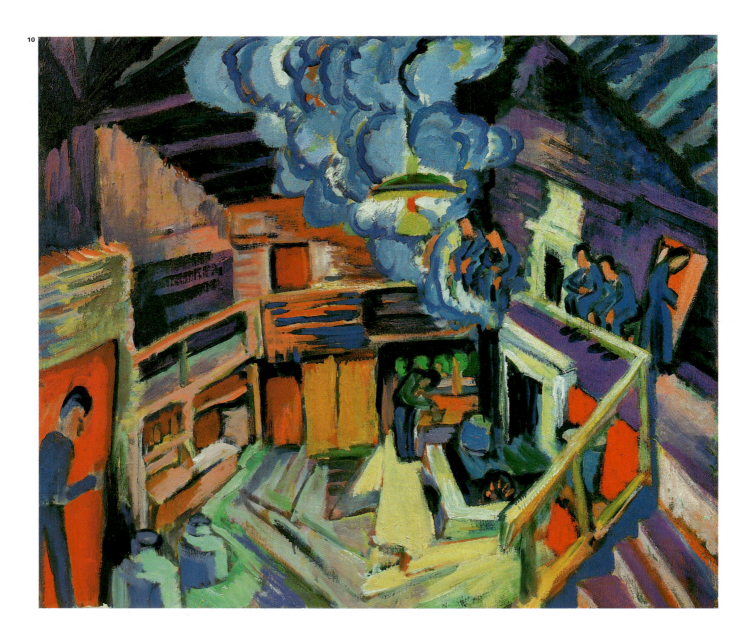

10
Alte Sennhütte, von Kirchner auf Rückseite so bezeichnet. Ölbild, 70 x 80 cm, signiert und mit 1917 datiert, wahrscheinlich aber 1920 entstanden. Privatbesitz Süddeutschland.

11
Fotomontage zweier Aufnahmen der «Alten Sennhütte» von Thomas Burla im Herbst 2001. Die gleiche Blickrichtung wie Kirchners Bild, gegen die Nordwestwand der Käserei. Eingang in den Käsekeller sowie darüber, von der Galerie ausgehend, in den Heustall. Offene Feuerstelle mit darauf stehendem Kochherd aus Gusseisen.

> Der Pfeil zeigt jeweils die Richtung, in der die Fotografie aufgenommen wurde.

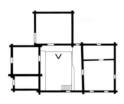

12
Südostwand mit Eingangstüre, links davon Bretterverschluss und Treppe zur Hauptgalerie. Lichtraum zwischen Wand und Dach («Ronchamp-Effekt»).

Die Innenräume

Beim Betreten der Käserei überrascht zuerst die Höhe dieses Raumes, der sich vom mit Brettern belegten Fussboden bis zum First erstreckt. Obschon nur spärlich Licht durch ein kleines Fenster eindringt – beim zweiten ist der Laden geschlossen – wird die Decke magisch erhellt: Die Sparren des Dachstuhls liegen frei auf den obersten horizontalen Balken des Strickbaus. Die so entstehenden breiten offenen Schlitze ermöglichten den Rauchabzug von der einst offenen Feuerstelle und beleuchten mit hellen Lichtstreifen die Dachunterseite. Eine ähnliche, jedoch aus ästhetischen Überlegungen gewählte Lösung finden wir in Le Corbusiers Kapelle von Ronchamp. Zusammen mit dem rechteckigen Gittermuster der rauchgeschwärzten Dachbalken, welche die hellen Felder der kürzlich erneuerten Bretterabdeckung wie mit Kassetten umrahmen (Abb. 15), erhält die Decke, frei von Bindern, einen schwebenden Charakter. Dem von der lichtdurchfluteten Alp noch etwas geblendeten Besucher vermitteln Höhe, Deckenstruktur, Lichteffekte und Galerien zusammen unwillkürlich den Eindruck eines Sakralraumes. Wir erkennen fast jede weitere Einzelheit aus Kirchners Darstellung, Treppe, Feuerstelle, Kochherd, Truhe, die verschiedenen Türen. Nur die Hängelampe, der Rauch, die sieben blauen Menschen und natürlich die Verzauberung durch den Künstler fehlen.

Die Zeit ist hier stillgestanden.

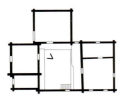

13
Käserei, «Ronchamp-Effekt», Treppe zur Hauptgalerie mit offener Türe zur Wohnstube. Feuerstelle mit Kochherd und aufgesetztem kurzem Rohr für Rauchabzug. Links davon «Chessiture».

Der solide, bis zu 1,3 m breite Hauptabschnitt der U-förmig verlaufenden Galerie ruht auf der Decke des Kuhstalles, dessen Quader in die Käserei hineinragt. Sie wird über eine Treppe entlang der Südostwand erreicht. Am 1992 neu eingefügten, auf der Galerie stehenden gemauerten Kamin mit Kochherd vorbei gelangt man zum stegähnlichen zweiten Abschnitt des Umganges an der Nordwestwand mit Türe zum Heustall. Das letzte Stück führt zu einer weiteren Bettenkammer und endet an der Südostwand.

Unterhalb der Hauptgalerie, an der hier durch eine verputzte Natursteinmauer geschützten Trennwand zum Stall, liegt die alte offene Feuerstelle, das Herz der Käserei. Ihre hölzerne Basis überspannt mit elegantem Flachbogen ein Fundament aus Natursteinen und ist von massiven Steinplatten überdeckt. Darauf steht ein gusseiserner Kochherd, eben das «altertümliche Dampfschiff». Diese «Gute Form» avant la lettre, ein Massenprodukt vermutlich aus der vorletzten Jahrhundertwende, wurde noch bis vor kurzem vielerorts auf dem Stafel und in den Alphütten der Landschaft Davos verwendet. Die scheinbar paradoxe Verwendung von Holz als Basis einer Feuerstelle trafen wir in zwei weiteren Hütten an: Wenn irgendwie möglich, setzten die Davoser eben dieses Baumaterial ein.

14 Südwestwand der Käserei mit Galerie, darauf zweihälftiges Bett, das mit Querbrettern verbreitert wurde, aber auch als zwei Bänke dient. Türe zur Bettenkammer. Darunter durch Truhe verstellter Eingang zum Milchkeller.

15 Neu mit hellen Brettern eingedecktes Dach über der Käserei. Starker Kontrast zu den rauchgeschwärzten alten Sparren und Längsbalken.

16
Kleine «Gebsa» zum Abrahmen der Milch, rechts «Zuber» mit Henkeln zum Spülen.

17
«Chalberchübel» (Einschnitt am Rand für Saugrohr, Mitte Melkkübel und weiteres Gefäss).

Die Einzelkäsereien dienten natürlich auch als Küchen, die nach Einführung der Gemeinschaftssennerei sowie des Transports der Milch in die Zentralmolkerei (s. S. 64) den neuen Bedürfnissen angepasst wurden. Wie Kirchner festhielt, stieg jedoch der Rauch beim Kochen nach kurzer Passage durch ein Rohr auch später noch frei zum Dach empor.

Links neben dem Herd an der Wand steht ein mit der Axt behauener und mit horizontalen Schlitzen für den verstellbaren Querarm versehener hölzerner Pfosten, der drehbare Kesselturm (Davoserdeutsch «Chessiture»). Er erlaubt, einen grossen Kupferkessel über das Feuer zu schwenken, um die zum Käsen mit Lab versetzte Milch zu erhitzen. Einzelne hölzerne Sennereigeräte und sonstige Behälter liegen auf den Wandgestellen der Käserei und erinnern in Tönung und Anordnung an Stillleben von Chardin oder Morandi (Abb. 16 und 17). Ein 50 cm langer Sehschlitz rechts der Feuerstelle gibt Einblick in den Kuhstall.

18
Mit der Axt behauene Basis des «Chessiture».

19
Aufbau der Feuerstelle (vordere Ecke).

Schematische Zeichnung eines «Chessiture» von F. Taverna.

20
Sehschlitz unter Hauptgalerie. Blick von der Käserei in den Kuhstall mit aufgeknüpften Schwanzschnüren.

21
Milchkeller, Blick in Käserei. Auf der zweifachen Balkenlage über der teilverputzten Trockenmauer «schwebt» die Bettenkammer.

22
Kuhstall mit Trennwand und Sehschlitz zur Käserei. Schwanzschnüre. Durchgehende Heukrippe, vertiefter Zentralgang. Gegenseite weitgehend spiegelbildlich.

23
Türbalken zum Milchkeller.

24
Käsekeller. Durchblick durch Käserei zur Eingangstüre. Links Trennmauer zur Jauchegrube.

25
Türbalken mit «Eselsrücken», Jahreszahl und Hauszeichen über dem ursprünglichen Eingang zum Kuhstall.

Wie schon bei Kirchner versperrt eine Futtertruhe auch heute noch den Eingang zum Milchkeller, in dessen Türsturz die Jahreszahl 1644 eingraviert ist. Sie umrahmt ein unbekanntes Hauszeichen, flankiert von den Initialen P.S. Die exzentrische Anordnung der Markierung verrät die Herkunft des Balkens aus einem älteren Gebäude und ist damit zur Datierung der Hütte ungeeignet. Das kleinere, genau über der Türmitte angebrachte Hauszeichen ohne Jahreszahl oder Initialen ist fast identisch mit dem der Familie Branger[2]. Von allen Räumen der Hütte ist der Milchkeller am tiefsten ins Erdreich eingegraben und gewährt damit die für seine Funktion günstigste Raumtemperatur. Er ist mit einer Trockenmauer und zwei darüber aufgesetzten Balken ausgekleidet, die knapp über dem Niveau des Umgeländes liegen. Auf seiner Decke erhebt sich der später errichtete[3], geschlossene Strickbau der Bettenkammer, die den Keller an zwei Seiten schwebend überragt (Abb. 41)[4].

Die aus Gesteinsbrocken verschiedener Grösse zusammengesetzte Kellermauer wirkt unruhig. Der Unterschied zu den kunstvollen Trockenmauern, wie wir sie z.B. im Bergell oder Tessin antreffen, ist durch das Fehlen geeigneter Flachsteine, wohl aber auch durch die geringere Erfahrung der Davoser Bauern im Maurerhandwerk bedingt. Der Kontrast zur überlegenen Holzbearbeitung im gleichen Bau ist augenfällig. Eine Türe gegenüber dem Eingang führt in den etwas geräumigeren Käsekeller (Abb. 24), auf dem der Heustall ruht. Abweichend von den übrigen Davoser Alpeinhöfen – wir begegneten einer ähnlichen Variante nur noch einmal auf der Oberalp/Monstein (s. S. 76) – ist hier ein wichtiger, gemauerter Gebäudeteil seitlich angefügt. Dieser «Seitenflügel» verleiht der «Alten Sennhütte» das charakteristische äussere Erscheinungsbild, das auch auf den verschiedenen Darstellungen der Stafelalp von Kirchner (Abb. 36) sogleich ins Auge fällt. Über die kurze Treppe und an zwei grossen, bei Kirchner fehlenden, weiss und blau aufleuchtenden Schränken vorbei gelangen wir von der Hauptgalerie in die ungetäferte Wohnstube. Die im Gegensatz zur Aussenwand geglätteten Balken des Strickbaus ebenso wie die schlichte Möblierung und der eiserne Ofen strahlen grosse Behaglichkeit aus. Eine Türe führt in die kleine Nebenstube.

Als eigentliche Überraschung erscheinen die vier gleichformatigen und doch recht unterschiedlichen Fenster. Jedes ist in drei verschieden hohe horizontale Abschnitte unterteilt, und diese zum Teil wieder in zwei quadratische oder rechteckige Felder. Die mittlere Reihe enthält ein Schiebefenster («Läuferli»), das

26/27
«Mondrian»-Stubenfenster mit «Läuferli».

dynamisch noch weitere Unterteilungen ermöglicht: Die Erinnerung an die «klassische» Periode von Mondrian ist unausweichlich. Durch die mehr als hundert Jahre älteren «Vorläufer» schimmert zudem noch die zauberhafte Realität der Bergwelt hindurch.

Über dem Milchkeller liegt eine Kammer mit zwei Schlafplätzen. Anschliessend, gegen die Talseite hin, als Anbau und auf etwas tieferem Niveau, findet sich der Kleintierstall, darüber eine von aussen zugängliche kleine Abstellkammer.

28
Tagesbett und Sitzecke.

29
Durchblick in Nebenstube.

30
Wohnstube mit Stubenofen (20. Jahrhundert).

31
Südostfassade mit Eingang
zur Käserei.

Bereits haben wir einen Blick durch den Sehschlitz in den Kuhstall, den funktionellen und architektonischen Kristallisationspunkt jedes Davoser Alpeinhofes, geworfen. Im elegant mit einem «Eselsrücken» geschmückten Türsturz des ursprünglichen, an der Nordwestseite gelegenen Eingangs (Abb. 25 und 33) finden wir die genau zentrierte Jahreszahl von 1798, die Initialen B.M. sowie ein Hauszeichen ähnlich dem eines David Müller aus dem Jahre 1782[5]. Auch im Vergleich mit weiteren datierten Alpeinhöfen auf dem Stafel und anderswo (s. S. 93) dürfte die Jahreszahl dem Baujahr der heutigen Hütte entsprechen. Heute wird der Stall gegenüber, von der Talseite her, betreten. Beidseits des Trenngangs, der rechtwinklig zum Dachfirst verläuft, finden wir durchgehende hölzerne Krippen mit unterteilten Standplätzen für etwa 12 Kühe.

32
Südwest- und Nordostfassade. Zentral gelegener Brunnen.

Die Aussenansicht

Die gegen den steileren Geländeabfall ins Tal gerichtete Südostfassade lässt die additive Bauweise des dreiachsigen Strickbaues (s. S. 63ff.) erkennen. Der sanfte Geländeabfall nach Nordosten führt zu einer Stufung des Fussbodenniveaus der hintereinander liegenden drei «Achsen» von Stall und Wohnteil, der Käserei sowie von Kammer und Kleintierstall. Das Kennzeichen des Davoser Alpeinhofes, die Stufenfigur der Balkenvorstösse zwischen Stall/Wohnteil und Käserei, ist durch die angebaute Toilette verdeckt, kann jedoch an der fast identischen benachbarten Hütte (St6) abgelesen werden. Die Reihe der vom Fundament aufsteigenden Balkenvorstösse der Trennwand zwischen Käserei und Stall endet auf Höhe der Stalldecke, lässt sich aber, um Galeriebreite zurückversetzt, als Begrenzung des Wohnteils weiter bis zum Dach verfolgen. Rechts der Türe zur Käserei ist der Strickbau fast bis auf Höhe des Türbalkens durch Bretter, welche vertikal zwischen zwei eingekerbten Balken eingezogen wurden, ersetzt («Stotzwand»). Vermutlich wurde hier (zu einem späteren Zeitpunkt?) sperriges Material eingebracht. Im Winkel zwischen den separaten Strickbausegmenten der Käserei und der «schwebenden» Bettenkammer ist der Kleintierstall eingefügt. An der Nordwestseite bildet der Flügel des Heustalles mit dem Käsekeller, das äussere Wahrzeichen dieser Hütte, zwei weitere Gebäudewinkel zum Hauptkomplex.

33
Ecke Heuboden/Kuhstall (Jauchegrube). Oberer vertikaler und horizontaler Abschnitt der Stufenfigur erkennbar, der untere vertikale Abschnitt ist durch die Wand des Käsekellers überdeckt. Eingefügte Balkenfragmente unter dem Fenster der Galerie.

34
Benachbarte, ähnliche Hütte (St6) mit unverdeckter Stufenfigur.

35
Das bergseitige Ende des Heustalls überragt den Käsekeller.

36
E. L. Kirchner, *Blick auf Stafelalp* (auf Brief an Frau Dr. Helene Spengler-Holsboer), Federzeichnung in Tusche 1917/18, 27,3 x 21 cm. Erkennbar an ihrem Flügel, die «Alte Sennhütte», damals noch ohne Kamin. Sammlung E.W.K., Bern/Davos.

Das westliche Ende des Heustalls überragt die darunter liegende Mauer des Käsekellers und weist, ähnlich wie beim Milchkeller, auf dessen frühere Entstehungszeit hin. Im nördlichen Winkel, wo heute die Jauchegrube liegt, befindet sich der alte Stalleingang (Abb. 42). Hier sind der einheitliche Block von Stall und Wohnteil mit Galerie und das Kennzeichen mit der Stufe der Balkenvorstösse teilweise erkennbar.

Die Nordostfassade ruht auf einer Trockenmauer, gefolgt von drei mächtigen vierkantigen Balken des Strickbaus. Die höheren Abschnitte aus Rundholz sind mit Brettern verschalt (Abb. 42). Damit wurden der Wohnteil und der locker gestrickte, durchgehend offene Dachstock besser vor Durchzug geschützt.

Sehr geehrte gnädige Frau, mit vielem herzlichen
Dank gebe ich Ihnen die freundlichst geliehenen Bücher
zurück. Wenn ich Ihre Güte nochmals in Anspruch
nehmen darf, so würde ich Sie um Tolstoj oder
Dostojewski bitten. Ich bin mit herzlichen Grüßen und Dank
Ihr ergebener E L Kirchner

 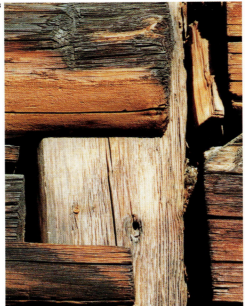 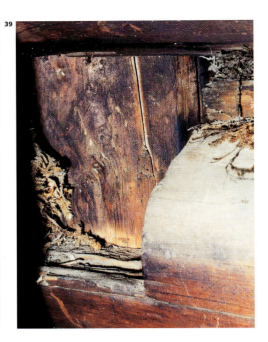

37
Sicherung zur Ausrichtung der Balken links (Käserei) durch «Kuppelung» in die Ebene des Wohnteils, der rechts mit dem «Strick» endet. Das vertikal verlaufende «Schwert» schimmert hell durch.

38
Detail mit «Fenster».

39
Innenansicht mit «Fenster» auf Höhe des Hauptgaleriebodens. Verankerung des Schwertes im nächsttieferen Balken.

Einzelheiten des Holzbaues

Die Grundlagen des Holzbaues beim Alpeinhof werden im nächsten Beitrag besprochen. Hier sei nur auf einige, an der «Alten Sennhütte» besonders in Erscheinung tretende, Einzelheiten hingewiesen.

Nicht durch den «Strick» gesicherte Balken verhinderte das «Schwert» am Ausscheren. Die Abbildungen zeigen dies beim Anschluss der oberen Käsereiwand an den Wohnteil: Ein etwa 6 cm dicker, aufrechter Pfosten («Schwert») wurde in der Ebene der Aussenwand des Wohnteiles direkt neben dessen Balkenvorstösse gesetzt. Er diente als «Kupplung» für die nun nachfolgenden, mit Schlitzen versehenen anzufügenden Balken, die daran heruntergeleitet und in der richtigen Position gehalten wurden. Einzelne Holzkeile zwischen den Balken verstärkten die «Sicherung». Zu kurze Balken liessen sich durch eine andere Art von Kupplung, einer treppenartigen Überlappung mit einem weiteren Balken, verlängern («Ersetzen»). Aber auch weniger elegante Kupplungen kamen bei An- und Umbauten zum Einsatz (Abb. 33). Immer wieder ging es darum, die ungenügende Stammlänge der Balken auf innovative Art zu überbrücken und das auf der Alp besonders kostbare, bereits bearbeitete Bauholz erneut zu verwenden.

Die Hauptakteure und wichtigsten Bewohner der «Alten Sennhütte», die damals noch hornbewehrten Kühe, haben sich an den Enden der Balkenstricke verewigt, die sie durch jahrhundertelanges Wetzen abschliffen und polierten.

40
Stallwand, Längskuppelung («Ersetzen»). Zusätzliche Sicherung mit quadratischem Holzpflock.

41
Nordwestecke Knechtekammer, deren Boden teilweise über dem Milchkeller «schwebt». Durch Kühe abgewetzte Enden des «Stricks».

Die «Alte Sennhütte» in Grund- und Aufriss
Die eingehende Betrachtung der Innenräume und Aussenansichten machte uns mit dem «Phänotyp» der Hütte vertraut. Die Pläne und Aufrisse, die «Wegweiser» durch diesen Beitrag, zeigen uns die architektonischen und konstruktiven Zusammenhänge. Mit der Summe der Beobachtungen erfassen wir auch die zeitlichen Abläufe.

Häufiger Um- und Anbau, ja sogar ein mehrfacher Standortwechsel, fast wie der eines Nomadenzeltes (s. S. 82), sind charakteristisch für den Davoser Alpeinhof. So wurde auch die «Alte Sennhütte» aus Teilen, die aus verschiedenen Perioden stammen, in souveräner Art zum heutigen Alpeinhof zusammengefügt. Nur bei den drei Quadern des Wohnteiles, des Stalles und der Kammer über dem Milchkeller sind alle vier Wände zu einem jeweils homogenen Block zusammengestrickt. Die fast monumentale Käserei kristallisiert zuletzt als Negativraum (s. S. 65) sozusagen von selbst heraus.

Der Milchkeller erscheint als ältester Abschnitt, vermutlich gefolgt vom Käsekeller und möglicherweise dann von der Kammer über dem Milchkeller. Vielleicht weist die Jahreszahl 1644 am Türbalken des Milchkellers auf eine noch ältere Vorgängerin der Hütte hin. Die ursprünglichen baugeschichtlichen Zusammenhänge zwischen den verschiedenen Segmenten sind unbekannt. Einmalig ist die

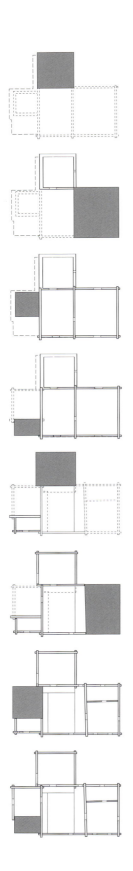

Zahl von acht verschiedenen Raumniveaus für die zehn Räume oder Kammern, sie erinnern an die Darstellung einer archäologischen Fundstätte und geben einen weiteren Hinweis auf die komplexe Baugeschichte der Hütte.
Eine Untersuchung über das genauere Alter der einzelnen Bauteile (Dendrochronologie, C 14 Bestimmung) wäre von Interesse, lag aber nicht mehr im Rahmen unserer Untersuchung.

Die acht Raumniveaus der «Alten Sennhütte», vom Käsekeller oben bis zum Geräteschuppen unten.

42
Nordwest- und verschalte Nordostfassade. Hinter dem Holzgatter ursprüngliche Stalltüre mit davor liegender Jauchegrube.

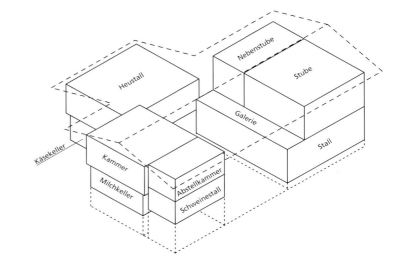

42

43
Mittägliche Stimmung auf dem Stafel im Winter. Links neben der «Alten Sennhütte» die Hütte (St6), rechts die Hütte (St8) mit «atypischem» Grundriss (s. S. 88). Dahinter Hubel, Riner- und Leidbachhorn. Farbzeichnung von Heinz Kunz.

Die «Alte Sennhütte» und ihr Umfeld

In einem Freilichtmuseum, etwa auf dem Ballenberg, wäre unser Alpeinhof ein isoliertes historisches Objekt unter vielen. Auf dem Stafel jedoch ist er Teil einer harmonischen Gemeinschaft mit den teilweise immer noch bewirtschafteten anderen Hütten und ihren Bewohnern, mit den Glocken tragenden Kühen, der Bergwelt und ihrer reichen Fauna. Zu jeder Jahreszeit bringt dieses «Gesamtkunstwerk» neue Schönheiten zum Blühen.

Am eindrücklichsten vielleicht sind die stillen Stunden an einem späteren sonnigen Winternachmittag. Die mit ihrem Seitenflügel unverkennbare «Alte Sennhütte» ist mit allen andern Hütten und der umliegenden Landschaft in Eintracht unter einer Schneedecke geborgen und vom Himmel blau überdacht. Trotz unmittelbarer Nachbarschaft zum grössten Fremdenverkehrszentrum der Schweiz blieb dieses Kleinod einer Alp, ohne falschen Zahn, ohne öffentliche Zufahrt, die Dächer immer noch mit Schindeln bedeckt, die in der Mondnacht wie bei Kirchner silbern glänzen, bis heute unversehrt erhalten! Daür sind wir allen dafür Verantwortlichen, besonders aber den Besitzern der «Alten Sennhütte», zu grossem Dank verpflichtet.

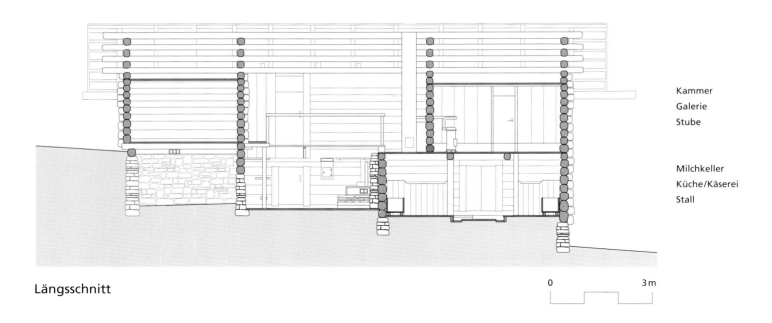

Längsschnitt

Kammer
Galerie
Stube

Milchkeller
Küche/Käserei
Stall

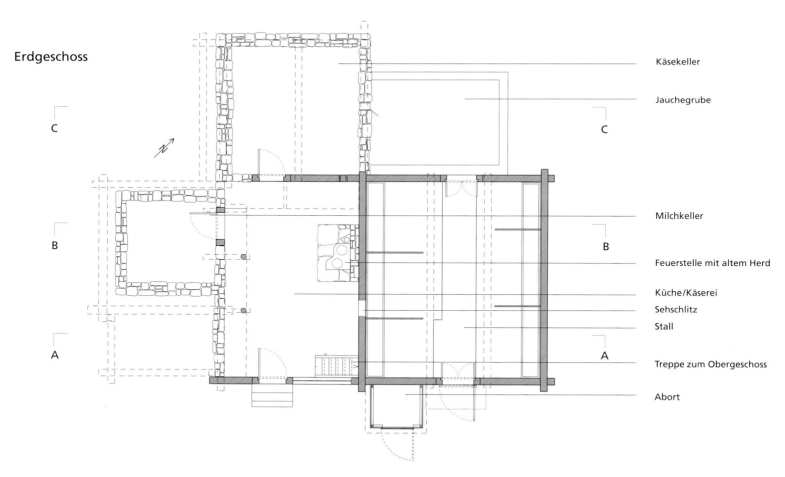

Erdgeschoss

Käsekeller
Jauchegrube

Milchkeller
Feuerstelle mit altem Herd
Küche/Käserei
Sehschlitz
Stall
Treppe zum Obergeschoss
Abort

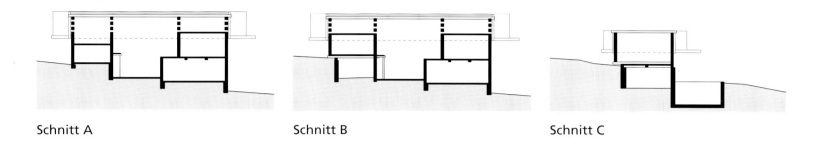

Schnitt A Schnitt B Schnitt C

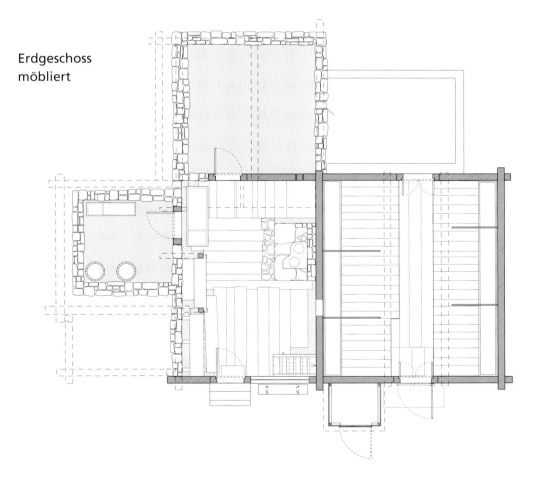

Erdgeschoss möbliert

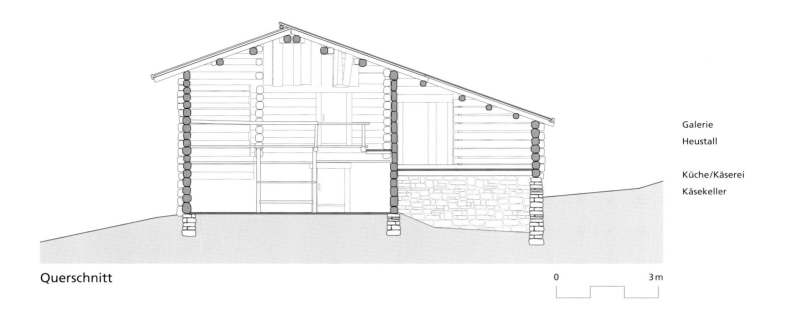

Querschnitt

Galerie
Heustall

Küche/Käserei
Käsekeller

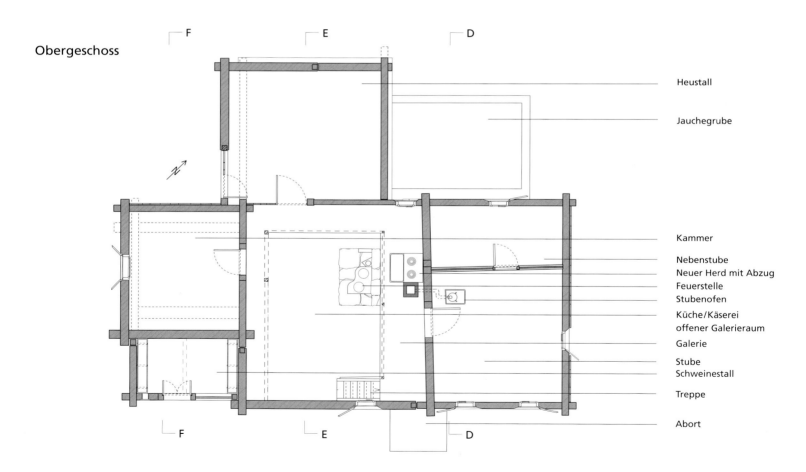

Obergeschoss

Heustall
Jauchegrube
Kammer
Nebenstube
Neuer Herd mit Abzug
Feuerstelle
Stubenofen
Küche/Käserei
offener Galerieraum
Galerie
Stube
Schweinestall
Treppe
Abort

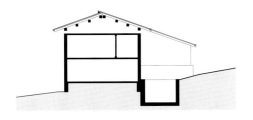

Schnitt D

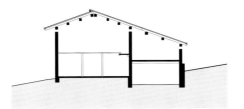

Schnitt E

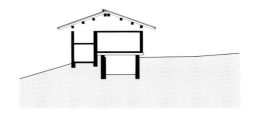

Schnitt F

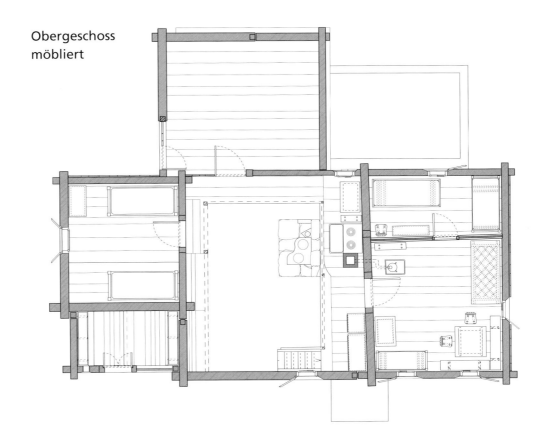

Obergeschoss möbliert

Thomas Burla
Stafelalp

Der Davoser Alpeinhof, eine Schöpfung der anonymen Architektur

Andres Giedion und Annigna Guyan

Bedürfniskatalog, Topographie des Bauplatzes, erreichbare Materialien, finanzielle Möglichkeiten und persönliche Handschrift des Architekten oder Baumeisters bestimmen den Charakter eines Bauwerkes. All dies gilt auch für die Alphütten der Landschaft Davos. An Stelle des Gestaltungswillens des Architekten tritt die lokale Tradition, der Genius Loci, der oft ein Bauwerk einer regionalen Gruppe zuzuordnen erlaubt. Stall, Wohn- und Milchverarbeitungsräume (Sennerei), Keller und Heustall sind hier unter einem Dach vereinigt, was zur Bezeichnung des «Alpeinhofes» führt.

Das Besondere des Davoser Bauplanes ist die Verwendung der Stalldecke als «Bauplatz» für den darüber liegenden Wohnteil, aber auch noch zusätzlich als «Galerie» für die bergwärts anschliessende Käserei, die gleichzeitig als Küche dient. Die variable Anordnung von Höhe und Breite der Galerie und des Fussbodenniveaus der Käserei ermöglicht eine optimale Anpassung an die Neigung des Geländes sowie an die persönlichen Bedürfnisse. Dadurch entsteht eine Vielfalt von «Typen», die alle auf den erwähnten Grundplan zurückzuführen sind. Im nachfolgenden Beitrag verfolgen wir das im 18. Jahrhundert hier erstmals nachweisbare neue Konzept einer anonymen Architektur, das gerade in seiner Flexibilität aktuell geblieben ist (s. S. 111), und stellen es als Typologie vor. Seine Entdeckung verdanken wir letztlich Ernst Ludwig Kirchner und seiner «Alten Sennhütte».

Zudem möchten wir zum bewussten Erleben dieser Bauten als «Gesamtkunstwerke» anregen und auf die ursächlichen oder begleitenden lebendigen Faktoren ihrer Vielfalt hinweisen. Dazu gehören, neben der architektonischen Schöpfung, u.a. die archaische Einrichtung der Käserei, der kunstvolle und ideenreiche Umgang mit dem Material Holz, das (noch) gehörnte Braunvieh ebenso wie das Bergpanorama mit der steilen Pyramide des Tinzenhorns.

Mit den kartographischen Hinweisen zur Lage der einzelnen Hütten verstehen wir unsern Beitrag auch als «Führer» («Cicerone»!) für Interessierte.

Die im Text erwähnten Hütten auf dem Stafel (St), der Chummer- (Ch), Bären- (Ba) und der Oberalp bei Monstein (Ob) sind nummeriert und auf den topographischen Plänen am Ende des Kapitels (s. S. 94ff.) eingezeichnet. Architektonische Einzelheiten werden in den Grund- und Aufrissen erläutert.

Die Alpwirtschaft in der Landschaft Davos

Die Viehwirtschaft in der Landschaft Davos wurde auf drei Höhenstufen betrieben: im Tal, auf höher gelegenen privaten oder genossenschaftlichen Weiden und auf der Alp mit durchwegs genossenschaftlicher Nutzung der Weiden. Dies trifft, dem «Normalfall für Graubünden»[1] entsprechend, auch heute noch weitgehend zu. Allerdings finden sich auf der zweiten Stufe in der Landschaft Davos meist keine bewohnbaren, als «Maiensäss» bezeichnete Hütten, sondern nur private Ställe, die von den relativ nahe gelegenen Wohnhäusern erreichbar sind. Weiss spricht hier von einem «zweistufigen Betrieb».[2]

Nach Walsertradition bewirtschaftete ursprünglich jeder Alpgenosse mit seiner Familie eine Einzelsennerei[3], wie sie auch in nicht walserischen Teilen des Kantons (z.B. Puschlav, Misox) üblich ist. Sie steht offenbar mit der gestreuten und hoch gelegenen Art der Ganzjahressiedlungen und der eher kleinen Distanz der Betriebsstufen in Zusammenhang[4]. In der Landschaft Davos bot sich die Vereinigung aller Arbeitsgänge und Wohnbedürfnisse unter einem Dach («Alpeinhof») offenbar als günstigste Lösung für diese Form der Alpwirtschaft an[5]. Die Milchkühe wurden über Nacht und bei schlechtem Wetter im Stall untergebracht und gefüttert. Die eher bescheidene Milchmenge beanspruchte für ihre Weiterverarbeitung relativ wenig Raum, was die oft erstaunlich geringen Ausmasse der Käserei erklärt, die natürlich auch als Küche diente.

Dies springt besonders im Vergleich mit den in den Achtzigerjahren des 19. Jahrhunderts auch auf dem Stafel (St3, 1881), der Chummeralp (1882) und andernorts errichteten Gemeinschaftssennereien[6] ins Auge, welche im Zuge der Modernisierung der Milchverarbeitung in der Landschaft Davos Verbreitung fanden. Die lagerfähigen Produkte Käse und Butter wurden ursprünglich erst bei Alpabgang ins Tal transportiert. Zur Verwertung der Schotte wurden Schweine in kleinen angebauten Ställen gehalten. Während der Sömmerungsperiode wohnte fast die ganze Familie sowie oft weitere Arbeitskräfte in der Alphütte, was deren grosszügige Ausstattung mit Wohn- und Schlafräumen erklärt. Neben der von den Frauen betreuten Sennerei wurden auch die umliegenden Meder (ungedüngte Bergwiesen) bewirtschaftet.

Mit der Gründung der Davoser Zentralmolkerei von 1905 und dem nachfolgenden Bau von neuen Alpsträsschen, die den täglichen Transport der Milch ins Tal ermöglichten, fand die Funktion der Alp als Produktionsstätte haltbarer Milchprodukte ein Ende[7]. Damit wurde auch das Konzept des Davoser Alpeinhofs weitgehend überflüssig.

Für eine detaillierte Darstellung des Alpwesens von Graubünden verweisen wir auf das Standardwerk von Richard Weiss[8], für die lokalen Verhältnisse auf die Davoser Heimatkunde von A. Laely[9] und ganz speziell auf die Monographie von U. Senn[10].

Allgemeine Beschreibung des Davoser Alpeinhofes
Nach Weiss sind in der Landschaft Davos Sennhütte und Wohnung immer, der Stall häufig in einem Baukomplex untergebracht[11]. Dieser wird in der Volkskunde generell als «Einhof»[12], in unserem Fall als «Alpeinhof»[13] bezeichnet.
Bei den meisten Abwandlungen des Davoser Alpeinhofes liegt talseitig der Kuhstall mit darüber liegendem Wohntrakt, gefolgt von der Käserei und anschlies-

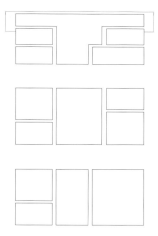

Schematische Darstellung der drei Segmente im Längsschnitt und Grundrisse: 1. Obergeschoss und Erdgeschoss «additiver Grundriss».

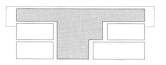

Schematische Darstellung des «Negativraumes». Die Käserei ist typischerweise bis unter das Dach offen. Das Volumen der Käserei umfasst somit auch die hintersten Ecken des Dachraumes und modelliert die Käserei als eigentlichen Negativraum.

send daran, meist bergwärts, dem zweiteiligen Keller mit darüber liegender Schlafkammer und Heustall. Diese drei Segmente addieren sich in Richtung des Firstes zu einer baulichen Einheit («additiver Grundriss»[14]). Die einzelnen Segmente sind anhand der Balkenvorstösse (Endstück des Balkens im Strickbau) auch von aussen deutlich abgrenzbar. Bei starkem Geländeabfall kann der First auch eine Stufe zwischen der Käserei und nachfolgendem Heustall aufweisen (Abb. 72).

Die Hütten wurden von den Bauern selber mit einfachsten Werkzeugen (Schaufel, Hacke, Axt, Spaltmesser und Säge) errichtet. Der ganze Bau besteht von der Türe bis zur Dachrinne, mit Ausnahme der Fundamente, aus Holz. Die für die Konstruktion verwendeten Rundhölzer wurden mit dem Spaltmesser und der Axt bearbeitet und zum Teil im Innern, seltener auch aussen, nach der Schichtung mit der Axt abgeflacht («abgeschiitet»). Den sparsamen Umgang mit dem kostbaren Holz (meist Tanne, selten Lärche) zeigen uns heute noch einzelne Abschnitte der durchwegs im Strickbau erstellten Hütten: Mit «Längskuppelungen» werden z.B. zu kurze, aus älteren Gebäuden stammende Rundhölzer auf die gewünschten neuen Masse gebracht (Abb. 40). Aber auch ganze Gebäude oder Gebäudeabschnitte, wie der Wohnteil der Hütte auf der Bärenalp (Abb. 71), können verschoben oder aufgepfropft werden.

Bei der Strickbauweise werden die horizontal liegenden Rundhölzer der Wände auf zwei schräg angelegten Balken mit Seilen emporgerollt («uufgetrölet») und in die vorbereiteten Eindellungen der zwei bereits eingefügten, rechtwinklig dazu darunter liegenden Stämme gelegt. Die Verzahnung der zusammengestrickten Balken verhindert deren seitliches Ausscheren. Dank der ausschliesslichen Anwendung von Massivholz sind sämtliche Wände tragend. Mit einfachsten Mitteln haben die Erbauer der Davoser Alpeinhöfe diese konstruktiven Grundlagen der Strickbauweise zusammen mit dem additiven Bauprinzip und den individuellen Raumbedürfnissen auf eindrückliche Weise zu einer baulichen Kohärenz zwischen Konstruktion und Raumprogramm verschmolzen. Dabei sticht vor allem die horizontale und vertikale Schichtung der einzelnen Kammern ins Auge, welche unter dem alles überspannenden Dach angeordnet werden und Ideen von einer modularen Anordnung der Räume in einem Körper der Moderne vorweggenommen haben. Für das Fundament und zur Auskleidung der Kellerräume wurde Naturstein, als Trockenmauer oder mit Mörtel verbunden, in unterschiedlichem Ausmass verwendet.

Der handwerklich besonders sorgfältig und mit den schönsten Stämmen ausgeführte Quader des Kuhstalls ist baulicher Ausgangs- und sinngemässer Kristallisationspunkt des Davoser Alpeinhofes. Die rechteckige Decke des Stalles diente als freier «Bauplatz» für den darüber liegenden Wohnteil, dessen Front zur Käserei fast ausnahmslos zurückgenommen wurde. Diese gewinnt durch den ihr zugeschlagenen Streifen der Stalldecke eine solide Galerie von unterschiedlicher Breite und Höhe (s. Abb. S. 69) sowie eine auch für den Rauchabzug willkommene Zunahme des Raumvolumens. Diese Besonderheit des Davoser Alpeinhofes[15] ist sein eigentliches Kennzeichen an der Aussenfassade durch den stufenartigen

Verlauf der Wandvorstösse (Stufenfigur) zwischen dem Stall/Wohnkomplex einerseits und der Käserei andererseits. Das gemauerte Stallfundament der talseitigen Giebelfront tritt bei steilerem Gelände bisweilen als eindrückliche Mauer in Erscheinung (Abb. 57 und 64).

Die Stalltüre zum Mittelgang und den links und rechts davon angeordneten Brücken («Brügi»: Standfläche der Kühe, die zum Mittelgang und den beiden «Mistgraben» hin erhöht ist) kann seitlich oder auch talwärts auf der Giebelseite liegen. Bei steilem Gelände wird meist der seitliche Eingang bevorzugt.

Bei zwei Alpeinhöfen ist eine spezielle Öffnung vom Stall zur Käserei («Sehschlitz», Abb. 20) oder zur Stube, («Heizloch», Hütte Ch2) vorhanden. Die Milch wurde vom Stall, besonders bei geringem Niveauunterschied durch eine Türe direkt, häufiger jedoch durch die Stalltüre, zuerst ins Freie und von dort in die Käserei gebracht.

Ist der Stall der Ausgangspunkt, so ist die Käserei mit dem Hütteneingang das Zentrum des Alpeinhofes. Von hier aus werden die übrigen Räume erschlossen. Die Käserei ist typischerweise bis unter das Dach offen. Im Dachraum werden nach traditioneller Blockbaukonstruktion die Balken der Trennwände nicht mehr dicht aufeinander geschichtet, sondern weisen unterschiedlich grosse Zwischenräume auf. Diese Öffnungen erlauben von der Käserei aus Einblicke und zum Teil auch Zugang zu den niedrigen Dachräumen über den Kammern, die als zusätzliche Stauräume oder auch als Schlafplätze dienten. Das Volumen der Käserei erstreckt sich somit bis in die hintersten Ecken des Dachraumes. Zusammen mit den beidseits angrenzenden, zum Stall hin meist gestuften (Galerie) Segmenten wird damit die Käserei als eigentlicher Negativraum modelliert. Spätere Einbauten von Dielen und zusätzlichen Verschalungen brachten dieses recht eindrückliche Raumbild fast in allen Hütten zum Verschwinden.

Der Boden der Käserei liegt je nach Steilheit des Geländes auf demselben Niveau wie der Stallboden oder wird zunehmend angehoben. Entsprechend vermindert sich dann die Höhe der Galerie von Stallhöhe zu der eines kniehohen Absatzes (Bödeli) und wird endlich in den Boden der Käserei integriert (s. Abb. S. 69). Nach diesen Relationen erfolgt unsere Systematisierung der einzelnen Hütten zu Typen.

Zentrum der Käserei ist die ursprünglich offene Feuerstelle mit dem schwenkbaren Kesselturm, an dessen Querarm einst ein mächtiger kupferner Kessel für die Käseproduktion oder die «Muospfanne» für die Mahlzeitenzubereitung hing. Typisch ist die Quaderform der Feuerstelle in der «Alten Alphütte», von den Einheimischen auch als «Walserblock» bezeichnet. Dieser besteht aus einem Holzunterbau mit Natursteinabdeckung, kann aber auch ganz aus Natursteinen oder als Steinblock geschaffen sein (Abb. 69). Nach Einführung der genossenschaftlichen Milchwirtschaft wurden die meisten Feuerstellen verändert oder abgetragen. Ihre ursprüngliche Lage, fast ausschliesslich in einer Ecke der Käserei, kann heute oft nur noch anhand von Rauchspuren an den Wänden und im Dachstuhl bestimmt werden. Die zentrale Lage in der «Alten Sennhütte» ist wohl durch die überdurchschnittliche Grundfläche dieser Käserei bedingt. Die hinter der

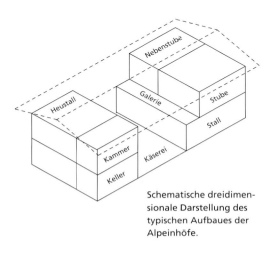

Schematische dreidimensionale Darstellung des typischen Aufbaues der Alpeinhöfe.

44
Stufenfigur am Beispiel der Waldalp am Rinerhorn aufgezeigt. Die vertikal aufsteigende Linie der Balkenvorstösse wird auf Höhe der Stalldecke unterbrochen und im 1. Obergeschoss versetzt bis unter das Dach weitergeführt.

Schematische Darstellung der Stufenfigur.

Feuerstelle liegenden Balken wurden durch eine Mauer geschützt (Abb. 13). Der Rauchabzug ins Freie erfolgte durch die breiten Schlitze zwischen dem obersten Balken des Strickbaues und der Brettereinrüstung des Daches (Abb. 12).

Daneben sind gelegentlich auch Feuerstellen mit ursprünglichem, massivem, in die Hüttenkonstruktion eingewobenem Rauchfang («Chemischoos») und Schornstein (Abb. 59) vorhanden. Auch der vom typischen «Davoserplan» abweichende Alpeinhof aus dem Jahr 1838 (St8, s. S. 88) verfügt über einen solchen Rauchfang mit Schornstein, der auf der Zeichnung Kirchners der Stafelalp von 1917 deutlich hervorsticht (Abb. 36).

Regelmässig führen zwei Türen aus der Käserei in die bergwärts teilweise vertieft im Boden liegenden kühlen Milch- und Käsekeller. Nur bei der «Alten Sennhütte» ist Letzterer als Anbau seitlich angefügt. Hier wurden einerseits die Milch zum Abrahmen oder vorgängig der Käseproduktion aufgehoben, andererseits der fertige Käse und die Butter bis zum Alpabgang eingelagert. Eine Treppe führt von der Käserei zur Galerie oder zum Bödeli mit Zugang zur Wohnstube empor, von der aus eine kleinere, angrenzende Schlafkammer (Nebenstube) zugänglich ist. Die Trennwand dieser beiden Räume ist in den Strickbau eingefügt und damit auch an der Giebelfront von aussen erkennbar (Abb. 49) oder besteht nur aus einer einfachen, aussen nicht sichtbaren Bretterwand (Abb. 46).

Die auf der Stalldecke ruhende Hauptgalerie wird als Brettersteg den Wänden der Käserei entlang weitergeführt, zur Verbindung mit der gegenüber liegenden, über den Kellerräumen gelegenen Kammer und dem Heustall. Bei Hütten mit Bödeli führt eine weitere Treppe von dort zu einem gegenüber angesetzten Zwischenboden des Obergeschosses (Abb. 69). Die so erreichten Kammern liegen über den Kellerräumen.

An die Käserei ist seitlich ein separater, heute meist abgerissener kleiner Schweinestall (Abb. 67) angefügt. Den Schweinen wurde die Schotte der Käseproduktion sowie die gekochten Blakten (Alpenamfer, Rumex alpinus) verfüttert.

Auf dem Stafel gesellen sich gelegentlich zu den einzelnen Hütten noch weitere separate Ställe oder Heuställe. Letztere dienten vor allem zur Lagerung von Heu aus den Medern, wie z.B. in den heute weitgehend verschwundenen «Madställi» am Waldrand unter dem Stafel. Das Heu wurde meist für die Stallfütterung auf der Alp selber gebraucht.

Schematische Darstellung einiger Typen des Davoser Alpeinhofes im Querschnitt.

Standard-Querschnitt; Wohnteil überdeckt Stall vollumfänglich.

Querschnitt mit Einzug; Wohnteil überdeckt Stall nur zum Teil.

Querschnitt mit Auskragung; Wohnteil ragt über Stall hinaus.

Doppelstall-Querschnitt; Wohnteile überdecken Ställe vollumfänglich.

Typologie des Davoser Alpeinhofes

Das hier verwirklichte Konzept mit dem Stallquader als Ausgangspunkt und «Bauplatz» von variablem Ausmass ist ebenso orginell wie einfach und zweckmässig: In der gegenüberliegenden Darstellung werden die Hütten nach dem Niveauunterschied zwischen Stallboden und Käserei und der daraus resultierenden Höhe der Galerie über dem Käsereiboden fünf verschiedenen Typen zugeordnet, die wiederum die Steilheit des Geländes spiegeln und die Flexibilität des Grundplanes belegen. Die vorzustellenden Typen werden anschliessend anhand von Beispielen näher erläutert. Über die relative Häufigkeit der einzelnen Typen gibt die Tabelle auf Seite 93 Auskunft.

Typ 0 beansprucht als Ausnahme die ganze Stalldecke als «Bauplatz» für den Wohnteil. Die dadurch fehlende primäre Galerie, sonst das Markenzeichen des Davoser Alpeinhofes, musste als Brettersteg im Innern der Käserei zusätzlich angefügt werden. Die Stufenfigur an der Längsfassade fehlt daher. Damit steht der Typ am Anfang der Reihe und entspricht sonst den Typen I und II.

Typ I und II spiegeln das relativ flache Gelände wider, in welches sie zu stehen kommen. Das Erscheinungsbild ihrer Käsereien unterscheidet sich nur wenig: Während bei Typ I Stall und Käserei auf demselben Niveau sind, liegt beim Typ II der Käsereiboden bis zu 40 cm über dem Stallboden. Die von aussen sichtbare Stufenfigur ist sehr ausgeprägt. Die bis unter das Dach offene, zweistöckige Käserei kann als mächtiger Raum imponieren.

Beim **Typ III** mit einem Niveauunterschied von 50 bis 120 cm zwischen dem Stall- und dem Käsereiboden entsteht ein neues Raumgefühl: An Stelle einer Galerie verfügt die Käserei über ein Bödeli mit Eingang zur Stube. Eine zweiläufige Treppe mit kurzem Lauf zum Bödeli und einem längeren ins Obergeschoss erschliesst die beiden Niveaus. Das steile Gelände bedingt eine Abtreppung der Grundfläche, so dass sich das Niveau zwischen Stall und Käserei um ein halbes Geschoss verschiebt. Die Stufenfigur ist teilweise vom Hang überdeckt.

Mit der Variante des Typs III wird das Stalldach seitlich als «Bauplatz» nicht nur ganz ausgenützt, sondern sogar überschritten.

Beim **Typ IV** ist die Galerie und damit die Stalldecke in den Käsereiboden einbezogen, der nun zum Stallboden um Geschosshöhe angehoben ist. Dank dem offenen Dachstuhl wirkt die Käserei immer noch grossräumig. Die noch stärker vom Hang überdeckte Stufenfigur ist oft kaum zu erkennen. Dieser in besonders steilem Gelände verwendete Typ weist häufig eine gestufte Firstlinie zwischen Käserei und Heustall auf. Bei einer Variante des Typs IV wird der «Bauplatz» auf dem Stalldach für den Wohnteil nicht nur durch die Galerie, sondern auch noch durch einen seitlichen Streifen entlang der Giebelachse zugunsten eines zusätzlichen Lagerplatzes eingeengt.

Gerade die solitären «Ecksteine» von Typ 0, der Varianten von Typ III und Typ IV, aber auch die Verwirklichung eines spiegelbildlich verdoppelten Alpeinhofes vom Typ I zeigen, wie die Davoser Bauern die Möglichkeiten ihres Grundplanes voll auszuschöpfen wussten.

Typ 0

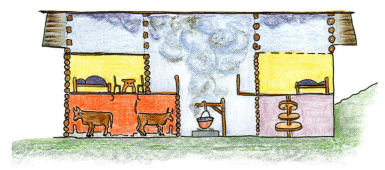
Typ I

Typ II

Typ III

Typ IV

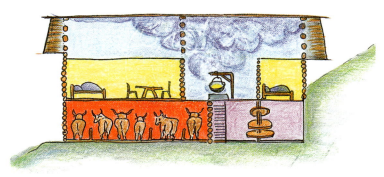
Variante A Typ IV

Schematische Darstellung der Typen des Davoser Alpeinhofes im Längsschnitt. Zeichnungen von Monica Giedion-Risch.

Typ 0
Lage: Stafelalp, Hütte St5.
Die Giebelseite ist dem Tal zugewandt. Liegt mit Hütte St4 am weitesten vom Alpzentrum (Brunnen) entfernt.
Baujahr: 1800 (Jahreszahl über Stalleingang).

45
Südwestfront. Vertikal durchgehende Linie der Balkenvorstösse zwischen talseitigem Wohn-/Stalltrakt, der anschliessenden Käserei sowie dem nachfolgenden Segment mit Schlafkammer, Heustall und darunter liegendem Keller.

46
Süd-Südostfront mit separatem Heu-/Kleintierstall.

Neben dem angebauten Schweinestall liegt nordöstlich der Hütte ein zusätzlicher Stall mit darüber liegendem Heustall. Zwei Reihen stufenlos zum Dach aufsteigende Balkenvorstösse teilen die Südwestfassade in drei Segmente: Stall mit darüber liegendem, diesen völlig überdeckendem Wohnteil, Käserei und endlich zwei Kellerräume mit darüber liegendem Heustall und Schlafkammer. Hier findet sich auch der Stalleingang. Vom Stall gelangt man über eine 45 cm hohe Stufe direkt in die Käserei. Sie kann auch durch zwei Türen an beiden Längsseiten betreten werden. Der «Walserblock» ist heute zementiert, Fragment des hölzernen Führungsringes für den «Chessiture» sind an dieser Stelle noch erhalten. Eine Treppe führt zur ursprünglich rundum angesetzten Galerie und von hier aus zur Stube und Schlafkammer. Die heute durchgehende Decke zum Obergeschoss wurde 1984 eingefügt. Die geräumige Stube diente bis in die Fünfzigerjahre des 20. Jahrhunderts für gesellige Anlässe mit Tanz auf dem Stafel. Ein ehemaliger Teilnehmer an diesen «Stubeten», wie sie auch Kirchner festhielt, erinnert sich noch genau an den ursprünglichen Zustand der Käserei, mit freier Sicht bis unter den Dachstuhl. Von der Stube ist die benachbarte kleine Schlafkammer (Nebenstube) mit «Seelepalgge»[16] nur durch eine Bretterwand getrennt. Diese tritt daher auf der Giebelfassade nicht in Erscheinung.
Wir begegneten dem Typ 0 nur bei dieser Hütte.

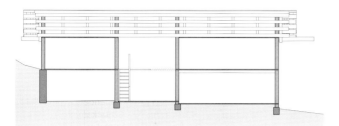

Längsschnitt

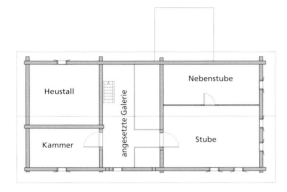

Grundrisse:
Obergeschoss
(ursprünglicher Zustand)

Erdgeschoss

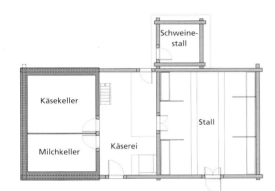

47
E. L. Kirchner, *Bauerntanz in der Sennhütte*, Radierung, 1920, 25,2 x 20 cm, Dube R 298 II.

Typ I

Lage: Waldalp am Rinerhorn.

Die Hütte liegt in einer fast horizontalen Abflachung des Geländes, das hinter der Käserei wieder ansteigt und zur teilweisen Einbettung der Kellerräume in den kühlen Boden ausgenützt wird. Die Giebelseite ist dem Tal zugewandt.

Baujahr: Unbekannt.

48
Nordostfront. Käserei- und Stalleingang gleiches Niveau. Vertikal aufsteigende Linie der Balkenvorstösse auf Höhe Stalldecke unterbrochen, dann talwärts davon zum Dach fortgesetzt. (Detail siehe Abb. 44).

49
Talfront. Die Trennung von Schlafkammer und Stube ist von aussen erkennbar.

An der nordöstlichen Seite ist das Erdgeschoss von massiven, mit der Axt geglätteten («abgeschiitet») Balken umfasst, der Strickbau im Obergeschoss besteht aus Rundhölzern. Hier zeigen sich die drei Segmente der Stufenfigur auf der Längsfassade besonders eindrücklich. Die Hütte gehört zu den prächtigsten der ganzen Landschaft und wird liebevoll gepflegt. Eine direkte Verbindung zwischen dem grossen Stall und der Käserei fehlt. Der durchgehende, heute nur noch teilweise erhaltene Freiraum zwischen Käserei und Dach wurde vermutlich nachträglich eingeengt. Die Feuerstelle befand sich nach Angaben der Besitzer, mit typischem «Walserblock», in der mauergeschützten Ecke neben dem Stubeneingang auf der Galerie. Hier finden wir, wie auch im Dachgebälk, Rauchspuren. Diese Lage wäre allerdings aussergewöhnlich und erscheint heute für den Käsereibetrieb kaum sinnvoll. Die primäre, im Strickbau ausgeführte Zweiteilung des Wohn-/Schlaftraktes liest sich an der Vorderfront ab. An die Südwestfront ist ein Schweinestall angefügt.

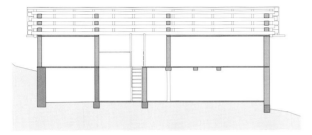

Längsschnitt

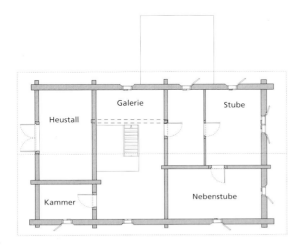

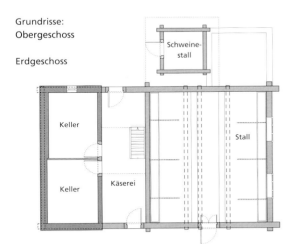

Grundrisse:
Obergeschoss

Erdgeschoss

50
Blick von Galerie auf Gegenseite. «Ronchamp-Lichteffekt» durch Lücke Hüttenwand/Dach.

Doppelhütte des Typs I
Lage: Chummeralp, Hütte Ch5.
Die Giebelseite ist dem Tal zugewandt.
Baujahr: 1892 (Angabe der Besitzerin).

51
Seitliche Ansicht.

52
Giebelfront.

53
Doppelhütte Stafel (St1).

54
Detail zu Ch5: Die Balken der Stallfront sind alternierend von links und rechts her in diejenigen der Trennwand eingehakt.

Die imposante Doppelhütte wurde an Stelle einer etwas weiter talwärts gelegenen älteren, baufälligen Hütte vom damaligen Besitzer für seine beiden Söhne errichtet. Von dort her stammt möglicherweise der zierliche «gotische» Türsturz («Eselsrücken»)[17] über dem östlichen Stalleingang.

Mit der Decke des Doppelstalls als «Grossbauplatz» wurden zwei spiegelbildliche Einheiten des Typs I errichtet. Die beiden Ställe, Wohnteile und Galerie sind im Strickbau voneinander getrennt, jedoch durch Türen miteinander verbunden. Auch die zwei Feuerstellen auf Stallniveau mit im Kochherd eingebautem direktem Rauchabzug (nur noch auf der Ostseite erhalten) lagen beidseits einer kurzen, gemauerten Trennwand. Es fehlen jegliche Rauchspuren. Separate Kellerräume sind nicht mehr erkennbar. Die schmale, vom Stalldach gebildete Galerie wird gegen den Heustall durch einen Bretterboden fortgesetzt, der eine schmale Lücke für die Treppe zur Küche freilässt. Spuren eines Käsereibetriebes sind nicht erhalten. Vermutlich wurde diese Funktion von der etwa gleichzeitig eröffneten Gemeinschaftssennerei auf der Chummeralp übernommen.

55
Detail zu St1:
Zwei getrennte Reihen von Balkenvorstössen der beiden Obergeschosse.

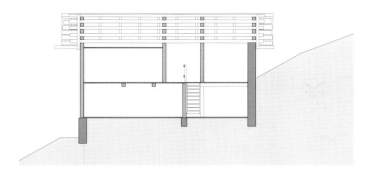
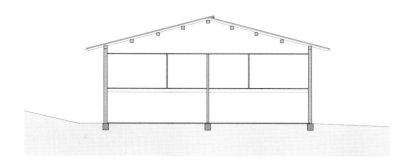
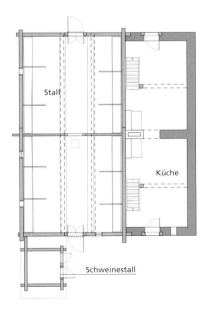

Längsschnitt
Querschnitt

Grundrisse:
Obergeschoss

Erdgeschoss

56
Stalleingang, Türbalken mit «Eselsrücken».

Als Hinweis auf eine historische Tradition der Doppelhütten mag ein alter, zweigeteilter Balken für zwei Stalleingänge mit separaten Hauszeichen, jedoch jedesmal mit derselben Jahreszahl 1667 gelten, der in der Stafler Doppelhütte (St1) um 1925 in die Trennwand zwischen den beiden Ställen eingefügt ist. Die beiden Obergeschosse sind jedoch, im Gegensatz zur Doppelhütte auf der Chummeralp, durch eine Lücke von 45 cm getrennt (Abb. 55). Damit markierten die nicht miteinander verwandten Besitzer ihr Eigentum und bewahrten auch akustisch ihre Privatsphäre. Das gemeinsame Stalldach dient hier als «Bauplatz» für zwei völlig getrennte Wohnteile.

Die Doppelhütten zeigen die Weiterführung des Konzepts des Davoser Alpeinhofes auch nach dem Verlust seiner wichtigsten Funktion: Auf der Chummeralp finden wir bei der Hütte (Ch5) an Stelle der Käserei mit Kellerräumen einen grossen Küchen- und Lagerraum, bei der oben beschriebenen neueren Doppelhütte, die etwa dem Typ IV entspricht, hinter dem Stall einen Hohlraum mit darüber liegenden Wohnräumlichkeiten.

Typ II
Dieser Typ des Davoser Alpeinhofes wurde am Beispiel von Kirchners «Alter Sennhütte» bereits ausführlich dargestellt; hier fügen wir noch eine Variante hinzu.

Variante zu Typ II
Lage: Oberalp/Monstein, Hütte Ob4.
Die Giebelseite ist dem Tal zugewandt.
Baujahr: Unbekannt, vom Besitzer als älteste Hütte der Alp bezeichnet.

57
Giebelfront ruht auf grossen Felsblöcken (Bergsturz).

58
Westfront mit Stalleingang, Nische mit Türe zur Sennerei. Zeichnung von Heinz Kurz 1998.

59
Käserei mit Feuerstelle, rechts davon eingemauerte Balkenvorstösse der Stallwand. Links Türe in Käsekeller.

Folgende Besonderheiten zeichnen diese Hütte aus: Das dritte Segment (Heustall, zusätzliche Schlafkammer) fehlt. Im zweiten Segment, das gewöhnlich in seiner ganzen Fläche von der Käserei beansprucht wird, befinden sich seitlich auf gleichem Niveau Käse- und Milchkeller. Eine Erweiterung der Käserei nach Westen gleicht diesen Raumverlust aus, woraus sich ein L-förmiger Grundriss ergibt. Ein monumentalen Rauchfang («Chemischoos»), dessen Kamin auch das Obergeschoss vor dem Wohnteil dominiert, überdeckt die Feuerstelle. Die Käserei ist mit einer massiven ursprüngliche Balkendecke versehen, in der auch das Führungsloch des Kesselturms erhalten ist. Der Heustall befand sich vermutlich über dem freistehenden, jedoch bergwärts eng anschliessenden Stall oder in einem benachbarten Gebäude. Der Stall ist kleinräumig. Grosse Felsblöcke, die zahlreich als Zeugen eines früheren Bergsturz auf der Alp herumliegen, wurden ins Fundament der Vorderfront einbezogen.

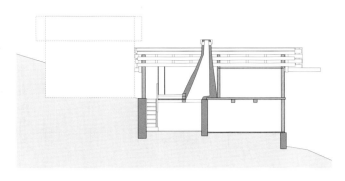

Längsschnitt
Grundrisse:
Obergeschoss
Erdgeschoss

60
Kamin im Obergeschoss, das teilweise auf dem Stalldach («Galerie») ruht. Links Eingang in Wohnstube.

61
Schornstein mit «Kragen» aus Lärchenholz zum Schutz vor Tropfwasser.

Typ III
Lage: Oberalp/Monstein, Hütten Ob1 und Ob2. Die Giebelseite ist dem Tal zugewandt.
Baujahr: unbekannt.

62
Seitliche Ansicht. Stufenfigur. Alter Schornstein mit Kragen (Ob2).

63
Balken über dem Käsereifenster mit «Eselsrücken», Hauszeichen und Jahreszahl 1717 (Ob1).

64
Giebelfront. Massives Fundament. Trennung von Stube/Nebenstube am Obergeschoss ablesbar.
Im Erdgeschoss kleine Stallfenster sichtbar (Ob2).

65
Käsekeller mit Lagergestell («Tablet») (OB1).

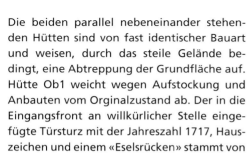

Die beiden parallel nebeneinander stehenden Hütten sind von fast identischer Bauart und weisen, durch das steile Gelände bedingt, eine Abtreppung der Grundfläche auf. Hütte Ob1 weicht wegen Aufstockung und Anbauten vom Orginalzustand ab. Der in die Eingangsfront an willkürlicher Stelle eingefügte Türsturz mit der Jahreszahl 1717, Hauszeichen und einem «Eselsrücken» stammt von einem älteren Gebäude.
Durch die Stalltüre in der Längsfront (Südostseite) wurde die Milch über eine Treppe im Freien in die Käserei emporgeschafft. In der Käserei führt eine Treppe zum 70 cm höher gelegenen Bödeli (Galerie) mit Eingangstüre zur Stube, eine weitere vom Bödeli zu einem höher gelegenen Zwischenboden, der auch die Decke der Kellerräume bildet. Nach Angaben der Besitzer wurde das vor der Aufstockung sehr niedrige Obergeschoss nur als primitiver Schlafplatz verwendet. Der Heustall lag neben der Hütte. Bemerkenswert ist der aus einem Steinblock bestehende alte Walserblock mit Rauchfang. Die Hütte Ob2 verfügt neben einem Rauchfang über den selben Typ von Schornstein mit Lärchenholzkragen als Abdichtung wie Hütte Ob4 (Abb. 59).
Zwei noch erhaltene Einrichtungen veranschaulichen Einzelheiten des Käsereibetriebs: Das «Tablet», ein meist rundes, hier eckiges Kellergestell mit frei stehendem zentralem Pfosten im Käsekeller von Hütte Ob1 schützte den darauf gelagerten Käse vor Mäusen. Eine wandständige Futtertruhe in Hütte Ob2 mit zwei «gotischen» Wandöffnungen zum angefügten Schweinestall vereinfachte die Fütterung.

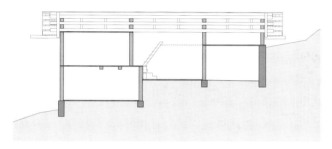

Längsschnitt

Grundrisse:
Obergeschoss
Wohn-/Arbeitsgeschoss
Erdgeschoss

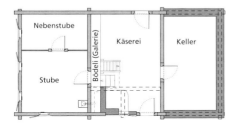

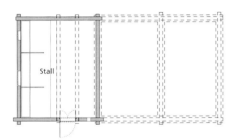

66
Angebauter Schweinestall (Ob2).

67
Futtertruhe in Käserei mit direkter Verbindung zum angebauten Schweinestall.

68
«Gotische» Kopföffnungen zur Futtertruhe, vom Schweinestall aus gesehen.

69
Blick auf «Bödeli» der Käserei mit Türe zur Wohnstube. Links Feuerstelle (Monolith) und neuerer Rauchfang. Rechts Treppe ins Obergeschoss (Ob1).

Variante Typ III
Lage: Bärenalp Hütte Ba1
Baujahr: unbekannt.

Die Wohnstube stammt von einer vermutlich sehr alten Hütte mit auffällig kleinen Fenstern und wurde der Stalldecke aufgesetzt, die sie aber seitlich nach Osten nur teilweise überdeckt. Die ergänzend an den geschlossenen Strickbau angefügte Nebenstube überragt die Ostwand des Stalles um etwa 40 cm.

70
Westfront mit Stalleingang.

71
Ostfront mit Auskragung der Nebenstube.

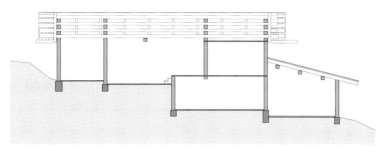

Längsschnitt

Querschnitt

Grundrisse:
Obergeschoss
Erdgeschoss

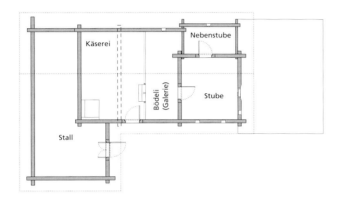

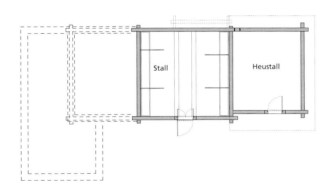

Typ IV

Lage: Chummeralp, Hütte Ch2.
Die Hütte liegt oberhalb des Weges Chummeralp-Chummertal.
Ihre Giebelseite ist dem Tal zugewandt. Nach Angaben des jetzigen Benützers wurde sie bereits zweimal «verschoben» und befand sich früher in einer höher gelegenen Geländemulde nordwestlich der heutigen Position. Baujahr: Unbekannt. Der Türsturz des westlichen Stalleinganges der sehr ähnlichen, jedoch dem Typ III zuzuordnenden benachbarten Hütte Ch2 ist mit der Jahreszahl 1808 datiert.

72
Seitliche Ansicht (Ost), im Hintergrund Bergrücken des Alteins.

73
Detail von Ch2 mit Stufenfigur der Trennbalken Stall/Wohnteil. Links unten beim Eingang zur Käserei die vertikal aufsteigenden Balkenvorstösse des Stalls. Im Obergeschoss die Richtung Tal hin versetzte Trennung zwischen Wohnteil und Käserei.

Das steile Gelände bedingt eine Abtreppung der Grundfläche, so dass jedes Segment auf ein anderes Niveau zu liegen kommt. Die Firstlinie zwischen der Käserei und dem besonders geräumigen Heustall (ausgedehnte Meder in direkter Nachbarschaft!) ist unterbrochen. Der ursprüngliche Stalleingang befindet sich an der westlichen Längsseite, ein neuerer genau gegenüber. Die Milch wurde über eine Aussentreppe zur Käserei hochgetragen. Eine weitere Treppe führt zu einem zusätzlichen offenen Schlafplatz unter dem Dach, und ein kleines «Heizloch» stellt eine direkte Verbindung zwischen Stall und Stube her.

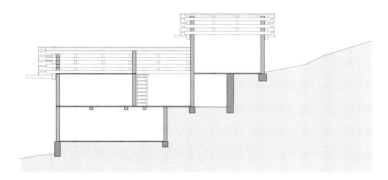

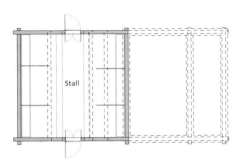

Längsschnitt

Grundrisse:
Heustallgeschoss
Obergeschoss
Erdgeschoss

74
Giebelfront.

75
Käserei. Modernisierte Feuerstelle mit Rauchfang, neue Treppe zur offenen Schlafstelle unter dem Dach.

Variante A von Typ IV
Hier liegen Milch- und Käsekeller auf Stallniveau, der Heustall und eine Kammer bergwärts direkt hinter der Käserei.
Lage: Stafelalp, Hütte St2.
Die Giebelseite ist dem Tal zugewandt.
Baujahr: Jahreszahl über Stalleingang 1790.

76
Seitliche Ansicht (Südwest). Eingang zur Käserei, angebauter Kleintierstall.

Der prächtige Alpeinhof wurde vor wenigen Jahren durch den Bergdruck des dahinter liegenden, steil ansteigenden Hanges beschädigt, aber sorgfältig wieder aufgebaut. Vom Stall mit Eingang auf der Giebelseite führt ein direkter Zugang zu den besonders grossen Kellerräumlichkeiten und von dort über eine Treppe zur darüber liegenden geräumigen Käserei.

Die ungewöhnliche Trennung der Ebenen zwischen der Lagerstätte für Milch und ihre Produkte einerseits und deren Verarbeitung andererseits führte zu einem etwas abgeänderten Arbeitsplan: Die Milch wurde vom Stall direkt in den auf gleichem Niveau tief im Hang liegenden Milchkeller mit besonders günstigen Temperaturverhältnissen zur Lagerung gebracht. Erst später erfolgte der Transport über die interne Treppe in die Käserei hinauf. Die sinnvolle Ausnützung der topographischen Verhältnisse war so mit dem kürzesten Arbeitsweg verbunden.

Nach Photos, die den Orginalzustand zeigen, lag der Walserblock zentral an der der Trennwand zwischen Wohnteil und Käserei[18], die heute im Innern stark verändert ist. Eine ähnliche Anordnung der verschiedenen Räume der Hütte finden wir bei Hütte Ch4 auf der Chummeralp.

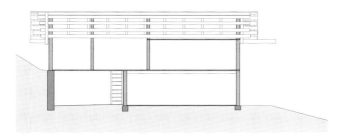

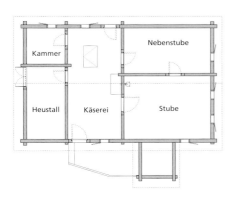

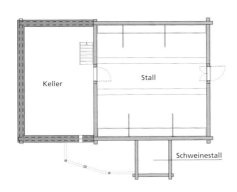

Längsschnitt

Grundrisse:
Obergeschoss
Erdgeschoss

77
Giebelfront, rechts
Sennereihütte (St3).

Variante B vom Typ IV

Lage: Stafelalp, Hütte St4. Die Giebelseite ist dem Tal zugewandt. Die Hütte ist zusammen mit Hütte St5 am weitesten vom Zentrum der Alp entfernt, verfügt aber über einen eigenen Brunnen.

Baujahr: Ihr Alter ist umstritten, sie wird von den Einheimischen als «neuer» bezeichnet. Über dem Stalleingang ist die Jahreszahl 1908, im Türsturz zur Küche leicht exzentrisch eine Jahreszahl mit den Anfangsziffern «17» und das Sprecher'sche Hauszeichen angebracht.

78
Seitliche Ansicht (Südwest).

79
Rechter Teil der Stalldecke mit den vertikalen, versetzten Balkenvorstössen ist als Lagerplatz dem Wohnteil entzogen.

80
Giebelfront.

Die Hütte ist als erster Davoser Aufenthaltsort von E. L. Kirchner im Sommer 1917 in die Kunstgeschichte eingegangen. Von hier aus hat er den unvergleichlichen Ausblick über die Stafelalp zum Tinzenhorn hin mehrfach festgehalten (Abb. 36).

An der Hütte wurde viel um- und angebaut. In ihrer heutigen Form wurde sie vermutlich aus Elementen einer Vorgängerin in der Tradition des Davoser Alpeinhofes zusammengesetzt. Nach Ansicht der Besitzer diente sie, in Übereinstimmung mit der neueren Jahreszahl, nie als Käserei. Die auf zwei Segmente reduzierte Hütte (Stall/Wohnteil und Keller/Küche) entspricht weitgehend der Variante A von Typ IV. Für unsere Typologie ist jedoch die Einengung der Wohnfläche auf dem «Bauplatz» der Stalldecke von zwei Seiten her bedeutungsvoll: So erhält einerseits die Küche («Käserei») wie beim Typ IV ihren üblichen Anteil zugesprochen. Von der Längsseite her wird jedoch zusätzlich ein weiterer Streifen der Stalldecke dem Wohnteil entzogen und als Heu- und Holzlager benützt.

Vom Stall mit Eingang auf der Talseite führt eine Doppeltür über eine Stufe von 32 cm in die eng bemessenen Kellerräume (deutlicher Unterschied zum grossen Keller bei Hütte St2) und von dort über eine Treppe empor zur Küche. Die kleine Kammer und der kleine Heustall an der Nordseite, welche nicht mehr unter dem gleichen Dach liegen, sind spätere Anbauten.

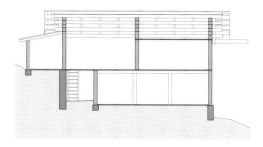
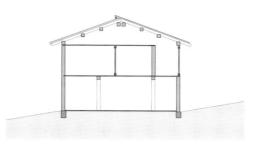

Längsschnitt
Querschnitt

Grundrisse:
Obergeschoss
Erdgeschoss

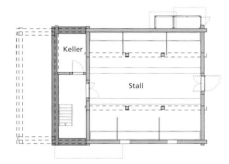

81
Blick von Stube in Küche, in der gleichen Bildrichtung wie Kirchners Bild.

82
Stube von E.L. Kirchner gesehen: *Der Maler, Selbstportrait,* 1919/20. Öl auf Leinwand. 91 x 80,5 cm. Gordon 576.

Aus derselben Epoche stammende andere Typen von Alpeinhöfen

Aus der Epoche zwischen der zweiten Hälfte des 18. Jahrhunderts und dem Beginn der Gemeinschaftssennereien begegneten wir nur einer Alphütte, die vom typischen Bauplan des Davoser Alpeinhofes abweicht: Die Längsseite dieser Hütte (St8) auf dem Stafel ist dem Tal zugewandt. Bergwärts davon, auf gleicher Höhe, liegt der zentrale Brunnen. Über der Eingangstüre zur Käserei sowie über dem Tor zum Heustall finden wir die Jahreszahl 1838 mit Initialen. Stube und Nebenstube und eine kleine Kammer liegen im Obergeschoss. Im Grundgeschoss sind eine bis unter das Dach offene Käserei mit Kamin und massivem Rauchfang, eine kleine Kammer sowie in der ganzen Hauslänge Kellerräumlichkeiten untergebracht. Immer noch unter dem gleichen Dach ist an diesen Komplex ein geräumiger Stall mit darüber liegendem Heustall angefügt.

Dieses Beispiel zeigt, dass auf dem Stafel auch andere Lösungen als der «klassische» Davoser Alpeinhof gewählt wurden, wie dies wohl auch auf anderen Alpen geschah.

Längsschnitt

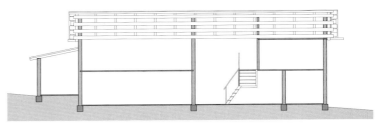

Grundrisse:
Obergeschoss
Erdgeschoss

Geographische Verteilung und Statistik des Davoser Alpeinhofes

Nach der schweizerischen Alpstatistik von 1920 gab es in der Landschaft Davos damals 45 Alpen (oder «Weiden») mit 2959 Kuhrechten[19], von denen wir 8 Alpen mit 675 Kuhrechten in unserer Studie berücksichtigten. Damit ist diese keineswegs flächendeckend, aber genügend repräsentativ zur Darstellung der Variationen des Davoser Alpeinhofes mit ursprünglich eigener Sennerei. Dazu eignen sich die dorfähnlichen Ansammlungen von Hütten ganz besonders. An erster Stelle steht hier der Stafel mit 192 Kuhrechten. Wenn wir vom Gebiet «Hinter den Eggen» (Sertig, 300 Kuhrechte) absehen[20], ist der Stafel auch bezüglich der Kuhrechte eine der grössten Alpen. Hier ebenso wie auf der benachbarten Chummeralp dominiert der Davoser Alpeinhof. Wir finden ihn auch auf der Bärenalp, den gegenüber liegenden Alpen und Alpwiesen jenseits des Landwassers (Clavadeler Alp, Witi- und Gaschurnaalp, Waldalp am Rinerhorn), sowie auf der Oberalp von Monstein. Dagegen ist er auf der Monsteiner Inneralp, mit einer möglichen Ausnahme, nicht anzutreffen und wurde dort vielleicht durch Neubauten, z.B. nach Lawinenschäden (Mittelalp), ersetzt oder ist wegen zu eingreifenden Umbauten nicht mehr klar erkennbar (Unteralp/Monstein).

Am häufigsten fanden wir in der Landschaft Davos den Typ IV, gefolgt vom Typ II (Tab. 93). Ausserhalb davon trafen wir den Typ IV dank einem Hinweis von Diego Giovanoli noch auf der Bodmeralp bei St. Antönien an. Bei seinen umfassenden Feldstudien über die landwirtschaftlichen Bauten des Kantons Graubünden (s. Anmerkung 13) ist ihm der Alpeinhof vom «Davosertyp» sonst nirgends begegnet[21].

Die verschiedenen Typen des Davoser Alpeinhofs weisen keine allgemeingültigen Grössenverhältnisse der Räume und Achsen auf, sondern sind abhängig von der Topographie der Alpen und den individuellen Bedürfnissen der Erbauer. Bei allen Hütten hat der Viehstall die grösste Grundfläche, gefolgt von der Käserei und dem Wohnteil. Bei einigen wenigen Hütten ist die Käserei kleiner als die Wohnräume. Das Verhältnis der Grundfläche von Viehstall und dem darüberliegenden Wohnraum fällt wegen ihrer räumlichen Anordnung bei allen Hütten ähnlich aus. Obwohl auch bei den Grundflächen von Viehstall und Käserei eine Korrelation zu erwarten wäre, ist eine solche Übereinstimmung nicht vorhanden. Anscheinend gibt es keinen Zusammenhang zwischen der Grösse der Käserei und der Anzahl Kühe, die im Stall stehen respektive der zu verarbeitenden Milchmenge.

Vergleicht man die Alpen untereinander fällt auf, dass die Hütten auf der Oberalp bei Monstein im Durchschnitt kleiner sind als auf den anderen Alpen. Sehr wahrscheinlich hängt dies mit dem steilen Gelände, den kleineren Alpen und Weiden und den entsprechend kleineren Viehbeständen zusammen. Die Hütten auf der Chummeralp weisen dagegen eher grössere Heuställe auf als die anderen Alpen. Hier wurde zu Gunsten von einem grösseren Heustall auf die zusätzliche Schlafkammer verzichtet, um das Heu der grossen umliegenden Meder einzubringen. Auf der Stafelalp, die wie die Chummeralp ausgedehnte Meder besitzt, wurde das Heu, wie bereits erwähnt, in zusätzliche «Madställi» am Waldrand untergebracht. Auf der Stafelalp ist die Grösse der Hütten sehr unterschiedlich. Man trifft hier auf eher kleine, bescheidene Hütten aber auch auf die grössten Hütten der Landschaft Davos. Eine ähnlich grosse Hütte findet sich nur noch auf der Waldalp, die auch den grössten Viehstall aller untersuchten Hütten besitzt.

Geschichtliche Hinweise
Der Davoser Alpeinhof beruht auf einem «addierenden» Grundriss, wie er für die Ganzjahreswohnbauten des Alpengebietes seit Jahrhunderten typisch ist[22].
«Entwicklungsgeschichtlich entsteht der alpine Typ durch das Aneinanderfügen von Einzweckbauten zu einem nachträglichen Ganzen, das als solches die Teile, aus denen es addiert wurde, immer noch klar erkennen lässt. Dabei spielt es keine Rolle, ob die einzelnen Abschnitte in direkter Folge oder nach längeren Zeitintervallen erstellt wurden. Neben einer horizontalen gibt es auch die vertikale Erweiterung, besonders typisch bei den mehrstöckigen Walliser Holzhäusern. Weiss unterstreicht die Seltenheit des Alpeinhofes in Graubünden mit dem Stall unter dem Wohn- und Küchenteil, «wie dies im Lötschental der Fall ist», und ergänzt: «In St. Antönien und in Davos kommt es gelegentlich vor.»[23]
Ein genaues «Geburtsdatum» des Davoser Alpeinhofes, ein Kind der anonymen Architektur, ist nicht festzulegen. Bei zehn Hütten fanden wir in den Türsturz des Stall-, Sennerei- oder Kellereingangs eingravierte, oft mit Hauszeichen und Initialen verbundene Jahreszahlen. Zur Datierung der Hütte muss auf die Zentrierung der Inschrift geachtet werden. Exzentrisch angebrachte Zahlen und Hauszeichen oder an zufälligen Wandpartien eingefügte datierte Balken (Abb. 23) verraten die Herkunft von einer anderen, abgerissenen, vielleicht aber auch an derselben Stelle vorbestehenden Hütte. Nach unseren Daten wurden die meisten noch erhaltenen historischen Davoser Alpeinhöfe in der 2. Hälfte des 18. bis in die 2. Hälfte des 19. Jahrhundert erbaut.

Wie aber sahen ihre Vorgänger aus?
Darüber geben uns vielleicht vier weitere von uns untersuchte Alphütten Auskunft: Auf dem Mäschenboden (Inneralp, Monstein) steht eine eingeschossige Hütte. Hier sind an der Giebelfront unter einem Dach nebeneinander Käserei, Wohn- und Nebenstube aufgereiht, bergwärts davon Käse- und Milchkeller angefügt. Im Türsturz der Käserei ist eine verwitterte Jahreszahl, wahrscheinlich 1792, über dem Kellereingang die Zahl 1660 mit zweifachem Hauszeichen eingraviert. Der getrennte Stall trägt die Jahreszahl 1803. Etwa fünfzig Meter davon entfernt liegt eine weitere eingeschossige Hütte mit frei stehendem Stall. Hier jedoch sind Wohnteil, Mittelgang und Käserei mit Vorratsräumen in der Firstlinie hintereinander angeordnet. In der Stube ist die Jahreszahl 1717 angebracht. Auf der ebenfalls zur Inneralp gehörenden Laubenalp steht eine quadratische, zweigeschossige Hütte mit einer Seitenlänge von 4,5 m (Abb. 85), die an einen kleinen Wohnturm erinnert. Die Stube füllt das Grundgeschoss, während das Obergeschoss als Schlafraum dient. Von hier führt

83
Mäschenboden (Monstein) Vorderansicht. Nebeneinander v.l.n.r.: Käserei, Wohnstube, Nebenstube.

84
Eingang aus Käserei zum Milchkeller mit Jahreszahl 1660.

eine Türe mit Hauszeichen und der Jahreszahl 1716 im Türsturz auf eine kleine «Laube» ohne Geländer. Küche, Käserei und Vorratsräume, teilweise von einer Lawine zerstört, sind ebenerdig seitlich angefügt, der Stall steht getrennt. Der «Turm» mit Laube erinnert an die zweigeschossigen «Kornspeicher», wie sie noch in Langwies[24] anzutreffen sind, die ganze Anlage mit angebauter Küche und Käserei aber auch an das Prinzip des Feuer-Schlafhauses[25].
Endlich finden wir auf der Chummeralp die Hütte (Ch3) mit separatem Stall und Heustall. Wie auf dem Maschenboden bilden Wohn- und Schlafstube nebeneinander die Giebelfront und sind ebenerdig nicht unterkellert mit der bergwärts anschliessenden Käserei und den dahinter liegenden Kellerräumen unter einem Dach vereinigt. Die Hütte wirkt von aussen wie im Innern ausgesprochen archaisch. Die Jahreszahl 1828 über dem Türsturz stammt vielleicht aus einer späteren Bauphase; andernfalls wäre sie 26 Jahre nach der «modernen», mit 1802 datierten Hütte (Ch1) vom Typ III auf der gleichen Alp entstanden!
Die aufgeführten vier Hütten entsprechen einem einfacheren Bauplan ohne «Einhof» oder Galerie. Es finden sich horizontal addierende Elemente (Maschenboden, Chummeralp), aber auch vertikale (Laubenalp).

Auf den ersten Blick erscheint es nahe liegend, im Davoser Alpeinhof das Fortleben einer Walser Tradition zu vermuten. Obschon im Wallis Maiensässbauten mit dem Wohnteil über dem Viehstall bekannt sind[26], konnten wir keine entsprechenden detaillierten Unterlagen finden. Auch scheint die Zeitspanne von der Einwanderung der Walser bis zum Erscheinen des Davoser Alpeinhofes zu gross für eine direkte Tradition. Vielleicht hat ein «Heimkehrer» die Idee des Davoser Alpeinhofes eingeführt, wie dies von den Heinzen (kleine Holzgerüste, die zum Trocknen des Heues in die Wiesen gesteckt werden) durch Landamman Simon Engel aus St. Antönien um 1720 berichtet wird[27]. Aber woher soll das fast nur in der Landschaft Davos angetroffene Konzept ursprünglich stammen?

85
Laubenalp (Monstein) «Wohnturm» mit quadratischem Grundriss, Nordwestfront. Links davon als separater Anbau Käserei. Nachfolgende Lagerräume durch Lawine teilweise zerstört.

86
Ansicht Südwest. Links Stall.

87
Ansicht Südost. Kleine Laube mit Eingangstüre zum Schlaf-, früher Vorratsraum des Obergeschosses. Rechts Sennerei, z.T. renoviert.

Die wenigen baulichen lokalen Zeugen vor der Periode des Davoser Alpeinhofs weisen eher auf eine autochthone Schöpfung hin. Vermutlich hat ein kreativer Davoser im 18. Jahrhundert, ausgehend von der herkömmlichen horizontal und vertikal addierenden Bauweise das neue, flexible Konzept erstmals empirisch angewendet, das dann so sinnvoll und facettenreich weiterentwickelt wurde. Gewiss sind auch Traditionen des damaligen Wohnbaues eingeflossen, wie es der Grundriss des alten Kindschihauses in Frauenkirch besonders nahe legt[28]. Aber auch bei den vereinzelten Einhöfen in den Dauersiedlungen der Landschaft Davos, z.B. auf dem Hitzboden ob Glaris und auf der Langmatte, ist das Baukonzept des Davoser Alpeinhofes nicht anzutreffen.

Schlussbemerkung

Der Weg zu den Davoser Alpeinhöfen führte uns in die verschiedensten Geländekammern des Tales. Wir staunen immer wieder, mit welchem Einfallsreichtum hier unter schwierigen topographischen und klimatischen Verhältnissen sinnvolle, architektonisch ansprechende, vielfältige und doch wieder einheitliche Lösungen gefunden wurden. Das Holz mit seinen technischen Möglichkeiten, aber auch als warmes, Geborgenheit ausstrahlendes Element kommt aufs Schönste zur Geltung. Die zum Wohnen bestimmten Abschnitte sind für die damaligen Verhältnisse (18./19. Jahrhundert) und ganz besonders für eine nur wenige Monate im Jahr beanspruchte Behausung recht grosszügig bemessen und wirken auf den modernen Besucher ausgesprochen attraktiv. Auch die Lebensgeschichte einzelner Hütten ist beeindruckend: Mit ihren Anbauten und Erweiterungen, teilweise in grossen Zeitintervallen, aber auch den räumlichen Verschiebungen, Abbruch und Wiederauferstehung der gleichen Substanz an neuer Stelle erinnern sie uns an eigentliche Lebewesen.

Anzahl der verschiedenen Typen des «Alpeinhofes» unter den «alten»[1] Davoser Alphütten und auf der Bodmeralp (St. Antönien)

Alp	Anzahl Hütten	0	I	II	III	IV	0–IV	andere[2]
Stafel	13	1	–	7	1	2	11	2
Chummeralp	8	–	1	1	1	3	6	2
Bärenalp	4	–	–	–	1	–	1	3
Waldalp (Rinerhorn)	1	–	1	–	–	–	1	–
Clavadeler Alp	5	–	–	–	–	3	3	2
Witi/Gaschurner A.	5	–	–	–	1	3	4	1
Oberalp (Monstein)	7	–	–	1	2	–	3	3+1[3]
Bodmeralp (St. Antönien)	4	–	–	–	–	3	3	1
	47	1	2	9	6	14	32	15

Im Gebiete Inneralp, Laubenalp und Mäschenboden fanden wir unter den z.T. sehr alten Hütten (s. Abschnitt «Geschichtliche Hinweise») keinen charakteristischen Davoser Alpeinhof. Bei anderen lassen eingreifende Umbauten heute keine eindeutige Typisierung mehr zu. Stand 17. Oktober 2001.

1 Mit eigener Sennerei, d.h. in der Regel vor der Einrichtung einer Gemeinschaftssennhütte.
2 Andere, nicht zum Alpeinhof gehörende Typen oder Hütten, die wegen Umbauten etc. nicht mehr klassifiziert werden konnten.
3 Neben drei stark umgebauten Hütten findet sich hier noch eine eigenartige, turmartige Hütte mit Anbau, möglicherweise ehemals ein alter Speicher.

Datierung von Davoser Alpeinhöfen[1]

Alp	Hütte Nr.	Typ	Datum	Stelle	Initialen	Hauszeichen
Stafel	St1	II	18…	Stalleingang	–	–
Stafel	St2	IV A	1790	Stalleingang	–	–
Stafel	St4	IV B	17…	Käsereieingang	F-S	+
			1908	Stalleingang	–	–
Stafel	St5	0	1800	Stalleingang	?-S	+
Stafel	St7	II	1798	Stalleingang	C-M	+
Stafel	St9	II	1772	Galerie[2]	C-M	+
Chummeralp	Ch1	IV	1802	Stalleingang	C-B	+
Chummeralp	Ch4	IV	1859	Käsereieingang[3]	I-R	–
Chummeralp	Ch6	II	1862	Käsereieingang	–	–

1 Der vom Davoser Standardplan völlig abweichende Alpeinhof Stafel (St8), der zweimal mit der Jahreszahl 1838 datiert ist, wurde hier weggelassen.
2 Die ursprünglich ins Geländer der Galerie eingeschnitzte Inschrift ist heute in der Stube angebracht.
3 Die Inschrift befand sich in ungewöhnlicher Weise mitten auf dem Türblatt zur Käserei. Diese Türe wurde jüngst an einen Nebeneingang versetzt.

Stafelalp.

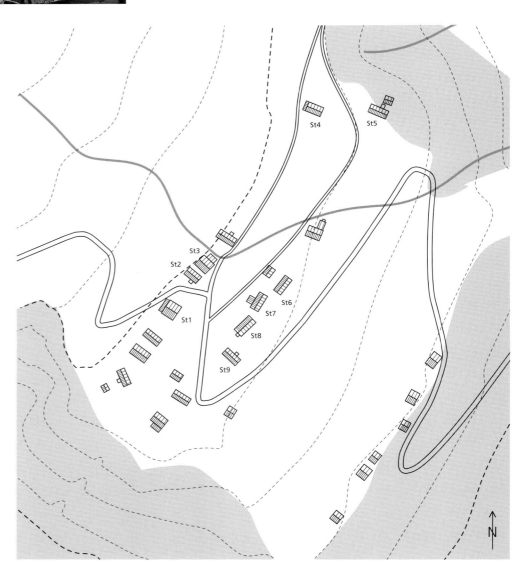

Oberalp bei Monstein.

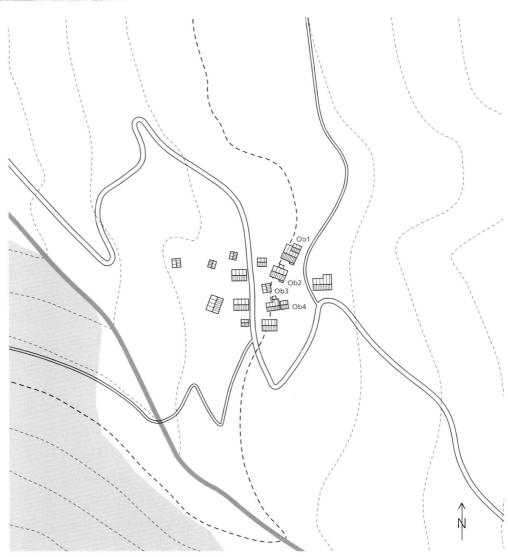

Bärenalp.

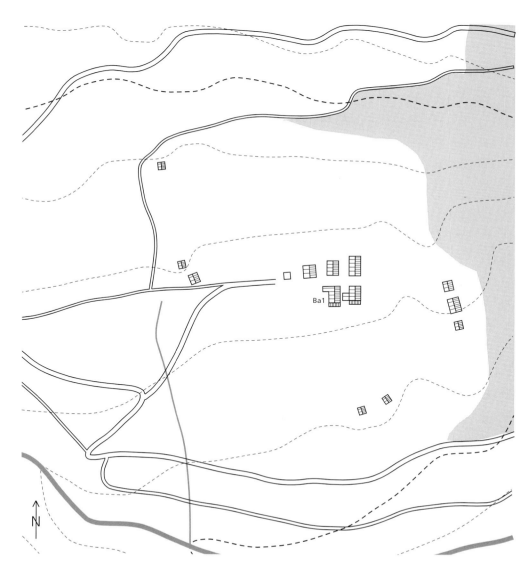

Chummeralp.

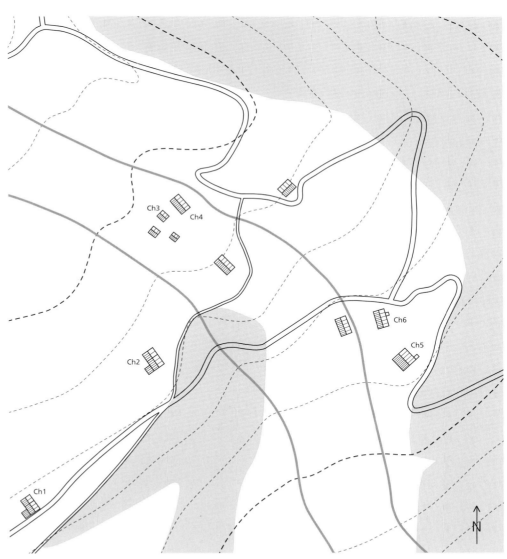

Tradition und Neues Bauen.
Der Holzbau in Davos

Annigna Guyan

Dem heutigen Besucher zeigt sich Davos als eine steinerne Stadt, die durch ihre strenge Bauweise mit kubischen Baukörpern und flachen Dächern geprägt ist. Diese Bauweise wurde durch das Aufkommen von Sanatoriumsbauten im 19. Jahrhundert eingeleitet und stellt eine im Alpenraum einmalige Entwicklung dar. Der flüchtige Betrachter vermisst ursprüngliche Holzbauten, welche mit «Bauen in den Bergen» assoziiert werden. Dabei übersieht er einige interessante Beispiele der Holzarchitektur, die als wichtige Zeitzeugen der kontinuierlichen Auseinandersetzung mit der Ressource Holz in Davos noch immer vorhanden sind. Ein wichtiger Grund, warum diese Kontinuität nicht wahrgenommen wird, ist die Tatsache, dass die Auseinandersetzung mit dem Baumaterial Holz in Davos von grossen Brüchen geprägt war. Obwohl der Holzbau bei den Walsern einen sehr hohen Standard erreicht hatte, stand die Holzarchitektur in Davos immer wieder im Widerstreit mit der Massivbau-Architektur. Schon bei den Walsern wurde für repräsentative Bauten Stein bevorzugt, und ab dem 19. Jahrhundert wurde im Kerngebiet von Davos fast ausschliesslich Massivbauten errichtet. Trotz der untergeordneten Rolle der Holzbauten fand in Davos eine zum Teil einzigartige Entwicklung statt, welche wichtige Beiträge zur Holzbauarchitektur lieferte und teilweise als Nährboden für die Renaissance der aktuellen, international bekannten Holzarchitektur Graubündens diente.

Der erste Bruch
Die Kontinuität und Vielfalt im bäuerlichen Holzbau, wie sie über einige Jahrhunderte in Davos zur Anwendung kam, erlebte im letzten Viertel des 19. Jahrhunderts eine radikale Umwälzung. Diese Umwälzung hängt mit dem Erkennen der heilsamen Wirkung des Davoser Klimas auf Lungenkranke zusammen und dem Aufkommen der Kur- und Sanatoriumsbetriebe. Damit verbunden war ein rasantes Wachstum der Bevölkerung und eine Umwandlung der Bevölkerungsstruktur, welche von einer bäuerlichen zu einer kosmopolitischen Gesellschaft führte.[1] Um das enorme Bauvolumen zu bewältigen, wurden erstmals auswärtige Fachleute mit der Planung und der Ausführung von Bauaufgaben beauftragt. Diese Fachleute nahmen kaum Notiz von der Formensprache der bestehenden anonymen Bautradition. Die neuen Gebäude wurden vor allem in einem schlichten Jugendstil oder als spätklassizistisch geprägte Massivbauten ausgeführt, während nur ein kleiner Teil in Holz gebaut wurde.
Die neuen Holzbauten wurden mehrheitlich als Chaletbauten im Schweizer Holzstil[2] errichtet. Die Chaletbauindustrie in Davos wurde wie in anderen Ge-

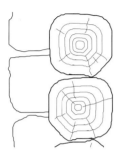 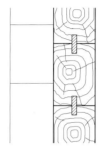

Typischer Wandaufbau des traditionellen Blockbaus.
Für die Konstruktion verwendet man generell Rundhölzer mit einem Querschnitt von 20 bis 30 cm. Die Balken werden oft auf ihrer Ober- und Unterseite abgeflacht und die Ritzen mit Moos und/oder Teer ausgestopft.

Typischer Wandaufbau der traditionellen Chaletbauten.
Die 12 x 15 cm grossen Balken sind maschinell hergestellt und alle 1,5 m mit Holznägel zusätzlich miteinander verbunden, um die Steifigkeit der Konstruktion zu erhöhen. Bei repräsentativen Räumen wurden im Innern die Wände oft mit einer Holztäferung verkleidet.

bieten in der Schweiz von den damals aufkommenden Chaletfabriken (Gaudenz Issler und Adolf Baratelli) dominiert.[3] Bei den Chaletbauten in Davos orientierte man sich in der Erscheinung und in der Anwendung eines räumlichen Konzepts an einer Mode, welche sich an international gängige Formen anlehnte und in ihrer Blockbaukonstruktion meistens auf der so genannten Prättigauerbauart beruhte.[4] Ein aus dieser Epoche stammender Zeitzeuge und für diesen Baustil typisches Beispiel ist das Pfarrhaus Davos Dorf 1844 von Gaudenz Issler. In seinem Werk «Wider den hermetischen Zauber»[5] umreisst Christoph Kübler das Bedürfnis der Bündner Sektion des Heimatschutzes, «ihre Aufgabe in der Erhaltung und dem Ausbau der heimischen Bauweise» zu sehen und «gegen den Verfall des Volksgeschmacks zu wirken». Ironischerweise wurde mit der Einführung dieses von ausserhalb kommenden Chaletbaustils keine tiefe Auseinandersetzung mit dem traditionellen Holzbau in Davos geführt, obwohl die Vertreter der Heimatschutzbewegung gerade diese angebliche Rückbesinnung auf heimatliche Werte als eines ihrer Hauptargumente gegen flach eingedeckte klassizistische Massivbauten anführten.

Eine für Davos prägende Holzbauentwicklung dieser Zeit fand im Bereich der Dachkonstruktion statt. Als Antwort auf die besonderen klimatischen Ansprüche, die durch die lange Schneebedeckung entstehen, wurde ein neuer Flachdachtyp, das «Davoserdach», entwickelt. Diese Davoser Entwicklung des Flachdaches fand zeitgleich mit den Entwicklungen in den uns als Hochburgen der Flachdach-Anwendung bekannten Städten Chicago und New York statt, führte aber zu einer eigenständigen und für die Davoser Situation massgeschneiderten Dachkonstruktion. Ausgangspunkt dieser Entwicklung war der Wunsch, die spätklassizistischen Sanatoriumsbauten mit einem flach eingedeckten Dach abzuschliessen, um den klaren, geometrisch einfachen Baukörpern und Fassaden zu entsprechen. Da es mit der industriellen Fabrikation der Dachpappe auf Rollen ab 1860[6] erstmals möglich wurde, flache Dächer zu errichten, die auch bei kleiner Dachneigung dicht waren und kostengünstig hergestellt werden konnten, fand der horizontale Dachabschluss in Davos im letzten Viertel des 19. Jahrhunderts eine rasante Verbreitung.[7] Bei den ersten Flachdächern in Davos handelte es sich um flache Satteldächer, welche nach aussen über Dachrinnen entwässert wurden (Abb. 92, Fig. 5). Das erste nach innen entwässerte Flachdach wurde 1900 von Pfleghard und Haefeli beim Sanatorium Schatzalp (heute Hotel Schatzalp) errichtet. Interessanterweise fand die rasche und durchdringende Verbreitung des Flachdaches in Davos Jahrzehnte vor der Moderne statt, in welcher die flache Eindeckung von Häusern fast als Dogma betrachtet wurde. Man kann deshalb durchaus folgern, dass Davos durch den pragmatischen Umgang mit Flachdächern die Moderne vorweggenommen hat.

92

Entwicklung des Dachaufbaues in den Bergen. Das überlieferte Wissen, wie durch die Kombination von geringer Dachneigung und ungehinderter Luftzirkulation der Schnee auf den Dächern konserviert werden kann (Fig.1), wurde mit dem Weglassen von unbeheizten Dachräumen bei der Konstruktion von Giebeldächern und den ersten Flachdächern ausgeblendet (Fig. 3 und 5). Erst durch die Ausbildung einer hinterlüfteten Zone zwischen dem beheizten Dachgeschoss und dem Dach konnte die Schneedecke auf dem Dach wieder konserviert werden, das Abfliessen von Schmelzwasser ins Hausinnere wurde dadurch verhindert (Fig. 4 und 6).

Dennoch blieb bei den aussenentwässerten Flachdächern das Problem von gefrorenen Abflussröhren auf der Schattenseite bestehen, das erst mit der Innenentwässerung gelöst werden konnte.

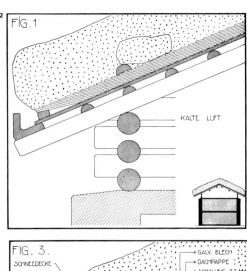
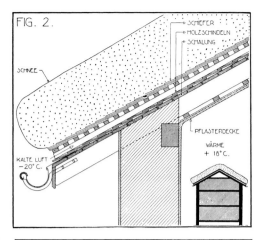
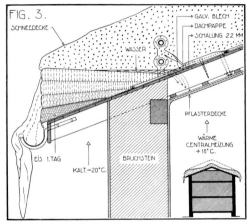
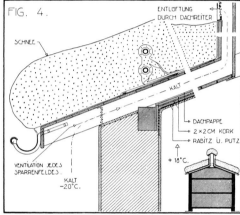
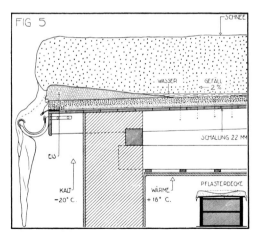
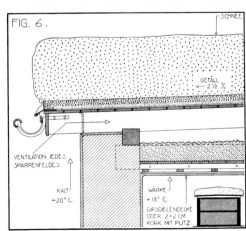

Die «Erste Holzmoderne» in Davos[8]

In den Dreissigerjahren des 20. Jahrhunderts erlebte die Holzbauindustrie gesamtschweizerisch eine Konjunkturphase, welche in Davos zu einer erneuten Umwälzung im Holzbau führte. Die Konjunkturphase war Folge einer Ankurbelung der Holzbauindustrie, die von Forstämtern, Holzfachverbänden und Holzproduzenten vor dem Hintergrund der Weltwirtschaftskrise betrieben wurde.[9] Waren in Davos aus ästhetischen und auch aus hygienischen Gründen Massivbauten klar favorisiert, wurden nun erstmals von einer breiten Öffentlichkeit Holzbauten begrüsst und von politischen Entscheidungsträgern gefördert. In der Folge wurden zum Beispiel das Eisbahngebäude (1933), der Kindergarten Davos Platz (1933) und der Musikpavillon im Kurpark (1934) aus Holz errichtet.[10] Da Davos seinem Ruf als «moderne» Stadt verpflichtet war, fand bei den neuen Holzbauten keine Anlehnung an Chaletbauten im Schweizer Holzstil statt, weil diese als nicht fortschrittlich und einer kosmopolitischen Stadt unwürdig galten. Die neuen Holzbauten sollten sich wie die bereits existierenden modernen Massivbauten nach der Gebäudenutzung und nicht nach einer Formidee richten. Das Credo «Licht, Luft und Sonne» sowie eine Anlehnung an den Funktionalismus der Moderne standen im Vordergrund.[11] Während in der Formensprache eine klare Abgrenzung von der Heimatschutzbewegung gesucht wurde, kann man gleichzeitig die Anwendung von Holz als eine gewisse Annäherung an den Heimatschutzgedanken interpretieren, da der Holzbau eine Art Synthese von Tradition und Moderne darstellt. Die kontinuierliche Weiterentwicklung und Optimierung des Flachdachs verhalf Davos zu dieser Zeit zu einer Vorreiterrolle in der Flachdachanwendung. So wurde in der internationalen Fachdiskussion Davos von den Flachdach-Befürwortern als gutes Beispiel im Umgang mit den Flachdächern genannt und als Referenz für eine bewährte Anwendung dieser Dächer herangezogen.[12] Das 1934 von Rudolf Gabarel errichtete Arzthaus der Thurgauisch-Schaffhausischen Heilstätte Davos Platz und das von Emil Roth im Jahre 1938 errichtete Kinderheim auf dem Wildboden in Davos Frauenkirch stellen zwei hervorragende Beispiele für die Auseinandersetzung mit der Holzbauarchitektur in Davos während der Moderne dar.

Beim Arzthaus der Thurgauisch-Schaffhausischen Heilstätte handelt es sich um eine zweistöckige und für diese Periode typische Ständerbaukonstruktion mit einer L-förmigen Grundfläche. Die Fassade ist mit Holzschindeln eingedeckt, welche wie eine Haut über die Konstruktion gestülpt wird. Dadurch fällt die dominierende Richtung der Holzstruktur weg und lässt das Gebäude als homogenen Körper erscheinen. Das Dach ist ein nach innen entwässertes Flachdach, das mit Holzzementpappe[13] und einer Kiesschicht eingekleidet und hinterlüftet ist. Es bildet ein Paradebeispiel für das «Davoserdach». Dieses Gebäude diente in der Diskussion Holz- versus Massivbau der Dreissigerjahre des vergangenen Jahrhunderts als wichtiges Beispiel für die Überlegenheit des Holzbaus. In der Ausgabe der Zeitschrift *Werk* zum 1. Schweizerischen Holzkongress 1936 wurde es eingehend untersucht und dem Arzthaus der Basler Heilstätte, einem 1931 ebenfalls von Rudolf Gaberel erbauten Massivbau, gegenübergestellt.

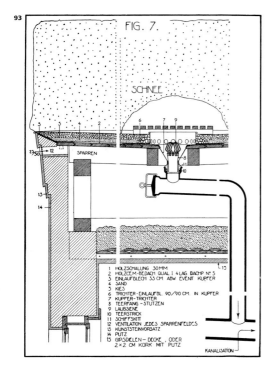

93
Aufbau des Davoserdaches. Das Davoserdach kann im Rückblick als eine Weiterentwicklung der traditionellen Dächer angesehen werden, denn schon bei den alten Bauernhäusern und Alphütten wurde intuitiv versucht, die Schneedecke auf dem Dach zu konservieren (Abb. 92, Fig. 1).

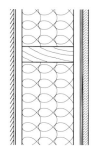

Wandaufbau des Arzthauses. Der Ständerbau besteht aus mehreren Schichten: Aussenverkleidung (Schindelschirm), Isolation, Tragstruktur und Innenverkleidung (Holztäfer).
Die Tragstruktur ist nicht vollwandig aus Holz, sondern als Gerippe ausgebildet. Somit konnte der Holzverbrauch drastisch gesenkt werden.

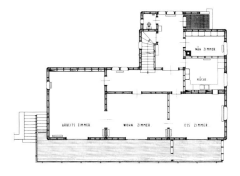

94
Ansicht von Süden.

95
Grundrisse Erdgeschoss und 1. Obergeschoss des Artzthauses der Thurgauisch-Schaffhausischen Heilstätte Davos, 1934 von Rudolf Gabarel.

96
Nordwestseite des Arzthauses.
Die Ecken des Holzschindelschirms sind abgerundet und betonen den Eindruck einer über die Konstruktion gestülpten Fassade. Im Dachbereich sind die Zwischenräume der Dachuntersicht offen, um mittels guter Durchlüftung jedes Sparrenfeldes die Schneedecke im Winter zu konservieren.

97
Eingangsbereich des Arzthauses auf der Nordostseite.

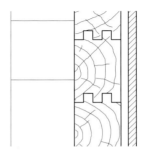
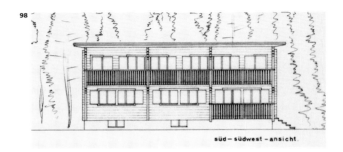

Wandaufbau des Kinderheimes.
Die 15 x 20 cm grossen Balken sind über die ganze Länge mittels einer Doppelnut miteinander verbunden und erreichen somit eine zusätzliche Steifigkeit. Im Innern sind die Wände mit Täfer ausgekleidet.

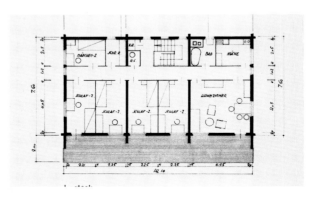

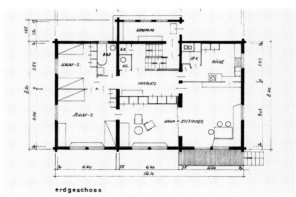

Dabei wurde insbesondere auf den günstigeren Kubikmeterpreis des Holzbaus hingewiesen.

Einen bisher nahezu unbekannten, aber faszinierenden Zeitzeugen stellt das von Emil Roth im Jahre 1938 errichtete Kinderheim auf dem Wildboden in Davos Frauenkirch dar. Dieses Gebäude zeichnet sich durch eine seltene Auseinandersetzung mit der Blockbaukonstruktion in der Moderne aus.

Der einfach gehaltene Baukörper wurde mit Blockwänden, die sich über die gesamte Länge ausdehnen, in drei gleich grosse Segmente aufgeteilt. Die Blockwände sind auf der Nordseite als Vorstösse sichtbar, und auf der Südseite übernehmen sie die Funktion von Konsolen. Diese tragen das auskragende Dach und die durchgehende Balkonschicht im Obergeschoss und erinnern in ihrer formalen Ausprägung an Pfettenköpfe des Schweizer Holzbaustils. Mit der parallelen

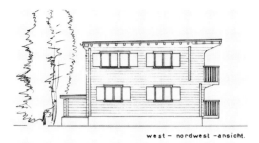 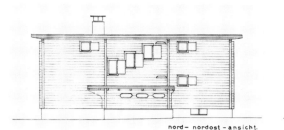 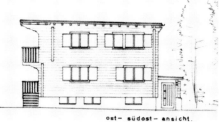

98
Grundrisse und Ansichten «Kinderheim» auf dem Wildboden in Davos Frauenkirch, 1938 von Emil Roth.

99
Südansicht des Kinderheimes.
Die sichtbaren Blockbauvorstösse unterteilen das Gebäude in drei Segmente. Sie tragen im ersten Stockwerk die durchgehende Balkonschicht und stützen das auskragende Dach.

Anordnung der Blockwände im Innern wird ein über alle Stockwerke durchgehendes Tragsystem gewählt, welches in seiner Analogie zum Schottenbau für den Blockbau eher untypisch ist.

Diese Anwendung der Blockbaukonstruktion erlaubt, eine Vielzahl von grossen Fensteröffnungen anzubringen, welche die Südfassade praktisch auflösen. Mit der Schottenbaustruktur wurden die Ideen des Neuen Bauens, wie funktionale Anordnung der Räume und das Credo «Licht, Luft, Sonne», erfolgreich mit der Blockbaustruktur verbunden. Das Dach ist als Pultdach mit einer geringen Neigung ausgebildet, mit Holzzementpappe[14] und einer Kiesschicht eingekleidet und minimal hinterlüftet.[15] Mit seiner Weiterentwicklung des Blockbaus gelingt es Emil Roth, die traditionelle Konstruktionsart mit einer modernen Formensprache zu koppeln, ohne sich an traditionelle Holzbauten anzubiedern.

Die Neuzeit: Die Abkehr vom Holzbau und seine Wiederbelebung
Die Konjunkturphase im Holzbau der Dreissigerjahre des 20. Jahrhunderts fand in der Nachkriegszeit ein abruptes Ende. Danach und insbesondere während der starken Wachstumsphase der Sechziger- bis Achtzigerjahre wurden in Davos vor allem Massivbauten errichtet. Erst in den Neunzigerjahren kam der Holzbau wieder zu einer vermehrten Anwendung. Gründe für die Belebung des Holzbaues sind in der politischen Diskussion im Zusammenhang mit dem Waldsterben sowie in der neuen Beurteilung des Materials Holz von Gebäudeversicherungen und in feuerpolizeilichen Vorschriften zu suchen.[16]

Diese Wiederbelebung war ebenfalls mit einer technischen Umwälzung im Holzbau verbunden. Ein wichtiger Beitrag dazu war die Einführung des Holzsystembaus, in dem mit vorgefertigten Modulen oder Elementen gearbeitet wird.

In Davos wurde der Baustoff Holz vornehmlich als Verkleidungsmaterial für Fassaden verwendet. Es scheint, als ob Holz vor allem eingesetzt wurde, um eine allgemeine Akzeptanz für grössere Gebäude zu erreichen. Eine nennenswerte Ausnahme bildet das von Gigon & Guyer 1994–1996 errichtete Sportzentrum, das einen neuen Dialog mit Holz sucht. Dies wird dadurch erreicht, dass die Holzverkleidung einer sichtbaren Betonstruktur vorgelagert wurde und somit klar als Hülle thematisiert wird.

Insgesamt fand in Davos in der Neuzeit kaum eine Auseinandersetzung mit den bestehenden Ständerbauten der Moderne, geschweige denn mit der Tradition des Blockbaus statt. Schaut man aber über die Gemeindegrenze hinaus, findet man im Kanton Graubünden einige Beispiele einer Auseinandersetzung mit dem traditionellen Blockbau. Die nachfolgenden drei Beispiele bilden in ihrer innovativen Anwendung der Blockbaukonstruktion ein direktes Bindeglied zu den Blockbauten der Walser und zeigen eine aus dem Kontext des Ortes geschöpfte Kontinuität in der Holzanwendung auf.

Die wohl direkteste Auseinandersetzung mit dem traditionellen Blockbau findet man im 1994/95 von Gion A. Caminada erbauten Schulhaus in Duvin. Indem die Balken, die Wandvorstösse und die typischen Blockbau-Ecklösungen aussen sichtbar sind, bleibt Caminada sehr nahe beim Erscheinungsbild des traditionellen Blockbaus. Die Anlehnung an den traditionellen Blockbau wird zusätzlich mit der horizontalen Unterteilung (Sims/Wetterschutz) betont, welche etwa auf der Höhe der Decken oberhalb der grossen Fensteröffnungen angebracht ist. Dadurch lassen sich die einzelnen Räume auch in ihrer Höhe von aussen ablesen, ähnlich wie bei den alten Blockbauten, bei welchen die Decke durch die Fassade sticht.

Die Weiterentwicklung des Blockbaus wird mit der Verknüpfung von traditioneller Konstruktion und modernen technischen Mitteln erreicht, welche z.B. grössere Spannweiten und Gebäudeöffnungen (Fenster) ermöglichen. Caminada möchte bei diesem Bau vor allem die konstruktiven Grenzen, die in der Natur des Blockbaus liegen, hinausschieben.[17]

100
Ecklösung des Schulhauses in Duvin, 1994/95 von Gion A. Caminada mit Balkenvorstössen und horizontaler Unterteilung mittels eines Sims/Wetterschutzes.

101
Ost-Ansicht des Schulhauses in Duvin mit Eingang.

102
Ecklösung der Schulhaus- und Mehrzweckanlage in St. Peter, 1997/98 von Conradin Clavuot. Sichtbar ist die verzahnte Aussenverkleidung aus Lärchenholz, welche die innen liegende eigentliche Blockbaukonstruktion umhüllt.

103
Südwest-Ansicht der Schulhaus- und Mehrzweckanlage in St. Peter. Im Vordergrund ist die Mehrzweckanlage mit dem Aussenturnplatz sichtbar, und im Hintergrund erkennt man den Eingangsbereich des Schulhauses.

104
Ecklösung Haus Gugalun, 1992/93 von Peter Zumthor.
Die simsartigen Bretter der Hohlkastenelemente ragen über die Konstruktion hinaus und bilden durch ihre alternierenden Überstände eine Analogie zur Verzahnung der Balken beim Blockbau.

105
Nordwest-Ansicht Haus Gugalun.

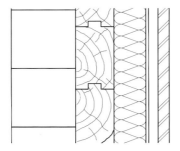 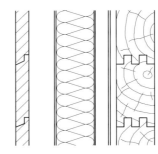 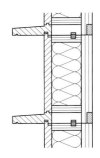

Wandaufbau des Schulhauses Duvin. Durch die Anwendung einer Holz-Beton Verbundsystem-Decke wird es möglich, die mit einer Nut versehene Balkenquerschnitte auf 12 x 18 cm zu reduzieren, grosse Spannweiten bei den Wänden zu erreichen und diese mit grossen Fensteröffnungen zu versehen, ohne die Steifigkeit zu verrringern. Im Innern des Blockbaus wird eine Dämmschicht angebracht, die dem heutigen Gebäudestandard entspricht. Die Räume sind mit einer Holztäferung verkleidet.

Wandaufbau der Schulhaus- und Mehrzweckanlage St. Peter. Dem innen liegenden Blockbau, der aus 11,5 x 20 cm grossen, mit einer Doppelnut versehenen Balken errichtet ist, wird eine eigenständige Fassaden-Konstruktion vorgelagert. Diese besteht aus Setzpfosten mit einer dazwischen liegenden Luftschicht, einer Dämmschicht, einer Hinterlüftungsschicht mit der Lattung und einer horizontalen Schalung aus Lärchenholz.

Wandaufbau Haus Gugalun. Die 15 x 28,3 cm grossen Hohlkastenelemente sind aus einer innenliegenden tragenden Dreischichtplatte mit vorspringendem simsartigem Massivholz, einer Dämmschicht, einer äusseren, nicht tragenden Holzabdeckung und abgesperrten Seitenteilen zusammengefügt.

Eine neuartige Interpretation des traditionellen Blockbaus wurde bei der 1997/98 von Conradin Clavuot errichteten Schulhaus- und Mehrzweckanlage in St. Peter gewählt. Die beiden Baukörper sind in einer Blockbau-Konstruktion ausgeführt, die von einer äusseren Hülle geschützt wird. Somit ist der Blockbau in seiner horizontalen Schichtung und ästhetischen Präsenz nur im Innern sichtbar. Die äussere Erscheinung wird von einer horizontal orientierten Holzverkleidung dominiert. Prägende Elemente wie Wandvorstösse oder die für den Blockbau typischen Ecklösungen sind verdeckt. In seiner Auseinandersetzung mit dem Blockbau nimmt Clavuot zwar Bezug auf traditionelle Blockbauten, schafft aber mit seiner Anwendung des Blockbaus eine Analogie zu zweischaligen Konstruktionen. Das Hauptaugenmerk wurde auf die zu erwartende Bewegung der Hölzer des Gebäudes gerichtet. Dabei wurde versucht, Bewegungsfreiheit für den innen liegenden Blockbau zu erreichen, welcher bei trockenem Wetter schwindet und bei feuchtem quillt und sich anhebt. Anstatt dass sich das ganze Gebäude diesen Bewegungen unterwirft, wurde eine Trennung zwischen der tragenden Blockbaustruktur und der eigenständigen Konstruktion der Aussenwand vorgenommen. Es scheint, als ob dem bewegten Blockbau ein zweiter, ruhender Blockbau vorgelegt wurde. Dieses Bild wird noch verstärkt, indem die Balken der Aussenverkleidung durch die Verzahnung in den Ecken eine Anlehnung an die Blockbau-Vorstösse nehmen.

Den Blockbau völlig neu interpretiert hat Peter Zumthor mit einem 1992/93 errichteten Anbau an ein altes Bauernhaus (heute Haus Gugalun) in Versam. Bei diesem Anbau besteht die Blockbaukonstruktion nicht mehr aus Balken, sondern aus balkenähnlichen, horizontal geschichteten Hohlkastenelementen. In der äusseren Erscheinung sind vor allem die vorstehenden simsartigen Bretter prägend. Sie machen den einzelnen Hohlkasten deutlich sichtbar und erinnern an die horizontale Schichtung des Blockbaus. Zudem ragen diese Bretter an den Ecken alternierend über die Hohlkastenelemente hinaus und bilden eine Analogie zu den überstehenden Balken der für den Blockbau typischen Ecklösung. Auch beim Anschluss an den bestehenden alten Blockbau sind es diese Simsbretter, welche sich mit dem alten Gebäudeteil verzahnen.

Anders als sonst bei Blockbauten üblich, wo nach additivem Verfahren Raumzelle an Raumzelle gestellt wird, verwendet Zumthor das dividierende Prinzip.[18] Die selbsttragenden Systembauwände des Anbaus bilden mit dem Dach ein Volumen, in welchem Wände und Decken hineingestellt werden und somit übergeordnete Raumbezüge und Raumüberschneidungen ermöglichen.

Entwicklung Wandaussteifung

| Ritzen mit Moos verstopft, zum Teil Holznägel zur Verbindung einzelner Balken. | Balken innen «abgeschiitet» mit Axt, zum Teil Holznägel zur Verbindung einzelner Balken. | Holznägel alle 1,5 m, zum Teil Täfer innen angebracht. | Doppelnut, zum Teil auch einfache Nut verwendet. Täfer innen. | Wärmedämmung innen. | Wärmedämmung aussen, geschützt mit Holzverkleidung. | Systembau. |

Bearbeitung von Hand. — Maschinelle Bearbeitung.

Bearbeitung vor Ort. — Bearbeitung im Werk; zunehmende Vorfabrikation.

Brüche und Kontinuität

Die Entwicklung des Holzbaus in Davos präsentiert sich ab 1870 als eine Abfolge von Brüchen mit der vorhandenen Bautradition und anschliessenden Neuanfängen. Somit wurde in keiner Phase der Holzbauanwendung in Davos eine Auseinandersetzung mit der vorhergehenden Periode, geschweige denn mit den traditionellen Blockbauten, aufgenommen. Die Weiterentwicklung fand nicht durch das Wachsen des bestehenden Wissens statt, sondern alle wichtigen Impulse sowie die meisten konstruktiven Erneuerungen wurden von aussen nach Davos gebracht. Diese allochthone Entwicklung unterscheidet sich fundamental von der autochthonen Entwicklung des Holzbaus, wie er über Jahrhunderte von den Walsern angewendet wurde und in den Alpeinhöfen zur Vervollkommnung kam. Deshalb blieb der aussergewöhnliche Typ des Davoser Alpeinhofs mit seiner Kohärenz von Konstruktion und räumlichem Ausdruck bis heute ein von den Architekten nicht beachtetes Beispiel der anonymen Architektur der Berge.

Die frühe systematische Abkehr vom Holzbau und insbesondere vom Blockbau im Kerngebiet unterscheidet Davos von den meisten anderen Orten im Alpenraum, in denen Holzbauten eine wesentliche Rolle spielen. In diesem Sinne ist es erstaunlich, dass in Davos trotz der Brüche in der Holzanwendung eine gewisse Kontinuität in der Auseinandersetzung mit dem Material Holz zu beobachten ist und dass diese Auseinandersetzung auch heute noch in wichtigen Zeitzeugen erlebbar ist. Mit der Entwicklung des «Davoserdaches» wurde sogar ein bedeutender Beitrag geliefert, dessen Einfluss weit über Davos und die Schweiz hinausgeht.

«Ewige Gegenwart» – Zur Aktualität alter Davoser Baukonzepte

Arthur Rüegg

106
Piet Mondrian, *Komposition in rot, blau, gelb*, 1930. Öl, 45 x 45 cm, Kunsthaus Zürich, Geschenk Prof. Alfred Roth.

107
Giorgio Morandi, *Stilleben mit grüner Schachtel*, 1954. Öl, 35 x 41 cm, Haags Gemeentemuseum.

Beim ersten Besuch der «Alten Sennhütte» verblüfft die unerwartete Raumqualität, und der Dornröschenschlaf, dem alle Dinge verfallen scheinen, verzaubert. Dazu kommt bald das Staunen über die Dichte von Assoziationen, welche sich bei einer genaueren Erkundung unweigerlich einstellen. In dieser anonym-urtümlichen Architektur scheint vieles vorgeformt, was erst im 20. Jahrhundert in Kunst und Architektur konzeptionalisiert worden ist. Manches fällt einfach deshalb auf, weil wir in anderem Kontext Ähnliches registriert haben, in einigen Fällen lässt sich aber durchaus ein Zusammenhang von anonymer Geschichte und moderner Weiterentwicklung konstruieren.

So hat Andres Giedion die fast quadratischen, primär horizontal und sekundär vertikal geteilten, aus der Blockwand ausgebrochenen oder ausgesparten Fensterchen in einen perzeptionellen Zusammenhang mit den klassischen Kompositionen Piet Mondrians gebracht. In der Tat berührt es seltsam, eine abstrakte «Komposition» in einem rein funktionell begründeten Zusammenhang zu finden (in Vals wurde mir in einem ähnlichen Fall berichtet, die Grösse des Läuferlis sei durch die Dimension des Nachtgeschirrs bestimmt worden!). Der einfache Teilungsvorgang von Flächen entspricht jedoch einem Prinzip, dem sich die abstrakte und konkrete Malerei seit jeher verschrieben haben. Der Befund auf der Stafelalp ist deshalb unerwartet, weil das Prinzip der reinen Abstraktion erst die Kunst der letzten hundert Jahre entscheidend geprägt hat: Über das Mass an Abstraktion – die Entfernung vom Prinzip der Figuration – haben sich die einzelnen Avantgardegruppierungen im 20. Jahrhundert geradezu definiert. Immerhin mag man sich an die von Künstlerkollegen Piet Mondrians mit analogen Teilungsprinzipien entworfenen Glasfenster und – mehr noch – an die anonyme holländische Tradition der bleiverglasten Oberlichter erinnern.

Nicht unerwartet, aber in der Gegenüberstellung anregend ist es hingegen, dass Andres Giedion auch das gegensätzliche künstlerische Prinzip des Figurativen in der «Alten Sennhütte» ortet. Tatsächlich erinnern die durch langen Gebrauch und teilweise mit Staubschichten patinierten Holz-, Glas- und Emailgerätschaften, die vor abblätternder Gipsgrundierung aufgereiht sind, unweigerlich an die Stilleben des italienischen Malers Giorgio Morandi. Die Gegenstände liefern hier wie dort fein abgestimmte Tonwerte, und ihre Formen vermählen sich über die Zwischenräume oder den «mariage des contours» zu interessanten Figuren. – Sucht man, neugierig geworden, der Vollständigkeit halber in der Hütte auch noch das Prinzip der surrealistischen Assemblage, wird man schnell auf die Feuerstelle stossen, wo Blechrohre, Gussteile und Mauerwerk in dadahafter Manier

108
Joep van Lieshout,
Ausstellung *Hausfreund I*,
Kölnischer Kunstverein,
1997.

zum plastischen Événement verbunden worden sind. Heute arbeitet der Holländer Joep van Lieshout mit ähnlich expressiven Bricolagen, welche die Sinnlichkeit von urtümlicher Arbeitskultur und modernem Nomadenleben sowie die Ausstrahlung krud zugerichteter Materialien und zukunftsweisender Technologie verbinden wollen.

Die unterschiedlichen in der «Alten Sennhütte» zu beobachtenden Phänomene sind das Resultat spezifischer Techniken und Lebensweisen. Zu «künstlerischen» Gestaltungen werden sie erst durch unsere kulturell anders imprägnierte Wahrnehmung. Immerhin belegen sie den enormen Reichtum an verschiedenartigen Ausdrucksmöglichkeiten, welche die «anonyme» Hirtenkultur ermöglicht hat. Ähnliches gilt für die architektonischen Kompositionsprinzipien, welche in der Anlage des Alpeinhofes – und speziell in der «Alten Sennhütte» – eingeschmolzen sind. In diesem Fall ergeben die in der Moderne wiederentdeckten elementaren Konstruktions- und Raumformen aber eine Parallelität, die wohl nicht bloss zufälliger Natur ist.

Was den ausgebildeten Architekten Ernst Ludwig Kirchner fasziniert hat – und was er in seinen beiden Bildern zur Darstellung bringt –, ist die «fast psychedelische, expressive Bühne mit roten Glühzonen und blauen Wolken» (Andres Giedion), die er im Hauptraum der «Alten Sennhütte» entdeckte. Dieser erinnert mit seinen verschiedenen Niveaus, den Galerien und Treppen an einen Bühnenraum, etwa an das Shakespeare-Theater oder an Palladios Teatro olimpico, wo auf der Bühne mit illusionistischen Mitteln Aussenräume nachgestellt wurden. Auch in der Käserei der «Alten Sennhütte» vermengen sich die Merkmale von Aussen- und Innenraum. Sind nur die traditionell-geschlossenen Kammern als «Innenräume» zu bezeichnen oder auch der zwischen den Kammerblöcken grosszügig überdachte offene Bereich? Dessen unregelmässige Begrenzungen weisen gleichzeitig die Merkmale von Hausfassaden und von Zimmerwänden auf. In einer derartigen Ambivalenz – der «Durchdringung von Aussen- und Innenraum» – erkannte der Architekturhistoriker Sigfried Giedion jene «Dritte Raumkonzeption», welche für ihn das Grundkonzept der modernen Architektur ausmachte – im Unterschied zur griechischen Konzeption des Plastischen und der römischen Kultur des Räumlichen. Davon konnte Kirchner noch nichts wissen – Giedion formulierte diese These explizit erst 1970, kurz vor seinem Tod –, aber das in der «Alten Sennhütte» vorgefundene Raumgefühl entsprach wohl dem expressionistischen Bedürfnis nach mystischer Übersteigerung ebenso wie der Lebenswelt im Künstleratelier, einer der Keimzellen moderner Architektur par excellence. Und Kirchners Bild kann man nicht nur als persönliche Reaktion auf eine vorgefundene Situation lesen, sondern auch als Konstruktion einer in die Zukunft weisenden Räumlichkeit.

Es lohnt sich vielleicht, mit einigen Beispielen detaillierter auf ein paar heute aktuelle architektonische Prinzipien einzugehen, die in der «Alten Sennhütte» ausgemacht werden können. – Wie erwähnt finden sich hier zwei Arten von Räumen. Erstens ist es das traditionell-geschlossene «Zimmer», dessen Form hier untrennbar mit der Konstruktionsmethode des Blockbaus verbunden ist. Die

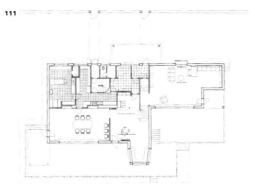

109
Oswald Mathias Ungers, Projekt «Neue Stadt Köln», Grundrisse Etagenwohnungen für 4 und 5 Personen.

110
Annette Gigon und Mike Guyer, Überbauung Susenbergstrasse Zürich 1998–2000. Grundriss 1. und 2. Obergeschoss.

111/112
Josef Frank und Olkar Wlach, Haus Dr. Beer, «In der Wenzgasse», Wien 1930. Aufnahmeplan und Fotografie Halle.

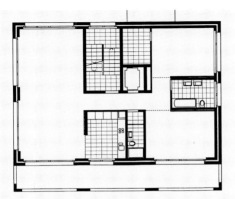

kistenartigen Volumen dieser Kammern sind so angeordnet, dass zweitens ein reich gegliederter, «modern» anmutender Negativraum entsteht, der über Nutzungszuweisungen charakterisiert, akzentuiert und gestaltetet werden kann. Das Ausspielen der beiden Raumarten in ein und demselben Gebäude findet sich nicht nur in der «Alten Sennhütte»; es besitzt auch in der modernen Architektur eine lange Tradition. Josef Frank hat etwa in seinem berühmten Haus Beer in Wien (1930) rechteckige, repräsentative Salons und das Esszimmer so gelegt, dass ein mehrgeschossiger, an romantische Altstadtsituationen erinnernder Hallenraum entstand, der über eine komplexe Treppenanlage gleichsam inszeniert wurde. Später hat der deutsche Architekt Oswald Mathias Ungers die Kombination der beiden Raumarten auch auf die Etagenwohnung angewandt: In seinen Entwürfen für die «Neue Stadt Köln» und für die Blöcke im Märkischen Viertel in Berlin (alle aus den Sechzigerjahren) scheiden Küchen, Schlaf- und Badezimmer mit ihren rechteckigen Formen einen unregelmässig begrenzten, «fliessenden» Zwischenraum aus, der die verschiedenen Wohnbereiche aufnimmt. Die Grundrisse von Ungers erinnern ihrerseits an abstrakte Bilder. Am ausgeführten Bau wirken die geschlossenen Raumeinheiten als massive Tragelemente, die lediglich Lochfenster aufweisen; die Wohnbereiche hingegen sind – ihrem Charakter entsprechend – ganz verglast. Das Prinzip ist neuerdings von den Zürcher Architekten Gigon & Guyer für die Fomulierung von grosszügigen Single-Wohnungen auf dem Zürichberg (1998–2000) eingesetzt worden. In ihrem Entwurf verbannen sie nur Erschliessungen, Bäder, Küchen und Abstellräume in geschlossen wirkende «Körper», schlagen aber vor, den offenen Wohn-/Schlafraum mittels Schiebetüren unterteilbar zu gestalten. Übrigens ist auch das Davoser Kirchner

113
Louis I. Kahn, Bath House, Trenton, New Jersey, 1954/55.

114
Le Corbusier, Pavillon Zürichhorn Heidi Weber, Zürich 1960–1967.

Museum von Gigon & Guyer auf einem analogen Entwurfsprinzip aufgebaut, aber mit anderem Effekt: hier definieren die grossen rechteckigen Bilderräume einen mäandrierenden, aber hierarchisch untergeordneten Erschliessungsbereich.

Von Interesse ist weiterhin die Verschiedenartigkeit der Raumabschlüsse in der «Alten Sennhütte». Ein enormes, mit Schindeln gedecktes Dach überspannt die Komposition der kleineren, in Blockbauweise ausgeführten Volumina und produziert so das räumliche Gebilde, das uns interessiert. Der Amerikaner Louis Kahn hat in den Fünfzigerjahren mit ähnlichen Elementen zu experimentieren begonnen. Erwähnt sei etwa das Trenton Bath House (1954–1959), wo er die von ihm so genannten «dienenden Funktionen» (Umkleidekabinen, Toiletten und technische Räume) in vier prismatischen Körpern zusammenfasste, die ein weitgespanntes Walmdach tragen. Unter diesem befindet sich der von Einbauten freie, «bediente» Raum. Auch Kahn benützte hier den Gegensatz von Massivbau und leichter Holzkonstruktion, um den Baugedanken mit einfachen Mitteln umzusetzen. In variierter Form kommt das Schema des Daches, das einen mit anderen Mitteln begrenzten Bereich überspannt, immer wieder vor. Le Corbusier hat am Zürichhorn zu diesem Thema ein emblematisches Haus gebaut. Ein aus zwei quadratischen Blechschirmen bestehendes Dach spannt als primäre Setzung einen Raum auf, der dann sekundär gefüllt wurde mit einem Stahlbausystem, das auf würfelförmigen Quanten von 226 auf 226 cm aufgebaut ist. Die aus den Stahlprofilen gebildeten Rahmen wurden mit farbig emaillierten Stahlpaneelen ausgefüllt. Der Zwischenraum zwischen dem durch die Funktionen geprägten, unregelmässigen Unterbau und der regelmässigen Form des Daches wird in Zürich als Dachterrasse genutzt, ein Arrangement, das den Panoramablick zum See auf eindrückliche Weise rahmt und auf diese Weise in der Wirkung steigert.

Ein letzter Vergleich betrifft natürlich die offene Erschliessung der oben gelegenen Kammer der «Alten Sennhütte» über Treppen und Galerien. Eine solche Inszenierung ist heute in Architekturen verschiedenster Stilrichtungen anzutreffen – nicht zuletzt in den riesigen Hallen der Hyatt-Hotels. In der «Alten Sennhütte» – aber auch in anderen Alpeinhöfen, wie die typologischen Untersuchungen von Andres Giedion und Annigna Guyan aufzeigen – resultieren die Erschliessungsgänge aus einem Überschieben der hölzernen Zimmerklötze. Man bewegt sich somit auf der Decke des jeweils unteren Raumes. Dieses Abstaffeln der Baumasse findet sich auch in den Pueblos der Indianer im Westen der USA, dort allerdings im Aussenraum. In der neueren Architekturgeschichte werden zwar Container mit an sich uninteressanten Innenräumen so gestapelt, dass jeweils Terrassen entstehen; aber diese werden selten für die Erschliessung, sondern vielmehr als Freisitze genutzt. Das berühmteste Spiel mit abgestaffelten Volumen hat ohne Zweifel Moshe Safdie mit seinem an der Weltausstellung in Montreal 1967 gezeigten «Habitat» getrieben.

Noch entscheidender allerdings ist die Art, wie ein differenziert geformter Raum mit Hilfe des Zirkulationssystems «erwandert» und auf diese Weise erlebt werden kann. Le Corbusier hat den Begriff der «Promenade architecturale» um 1923

115
Moshe Safdie, Habitat 67, Expo 67, Montreal 1967.

116
Le Corbusier und Pierre Jeanneret, Maison La Roche, Paris 1923–1925. Axonometrie.

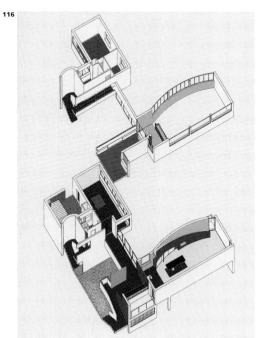

in den architektonischen Diskurs eingebracht, als er an die Planung des Doppelhauses La Roche-Jeanneret in Paris-Auteuil ging. In der Villa La Roche wird wie in der «Alten Sennhütte» eine mehrgeschossige Halle von zwei gegenüber liegenden Baukörpern definiert. Im einen Fall handelt es sich um eine aufgeständerte Bildergalerie mit Bibliothek auf einem oberen Niveau, im andern Fall um den «Corps de logis», der auf mehreren Geschossen die herkömmlichen Schlaf-, Ess- und Nebenräume aufnimmt. Beide Baukörper sind separat erschlossen, im ersten Obergeschoss aber mit einer Art Brücke verbunden. Will man etwa von der Bibliothek ins Schlafzimmer gelangen, muss man zuerst über eine Rampe die Bildergalerie durchqueren, dann in den Hallenraum austreten, die Halle über die Passerelle überqueren und schliesslich innerhalb des «Corps de logis» über einen fenstergesäumten, an der Halle liegenden Korridor die Treppe erreichen, die nach oben führt. Dort, vor dem Betreten des Schlafzimmers, führt der Blick zurück zum Ausgangspunkt; der durch eine Fensteröffnung gerahmte Blick nimmt das Gegenüber als eine komponierte Fassade wahr, die an gleichzeitig entstandene puristische Bildkompositionen erinnert. Voilà: das ist die Konzeptionalisierung und künstlerische Überhöhung der in der «Alten Sennhütte» angelegten Prinzipien von Raumbildung und Erschliessung. Der Vergleich ist umso aufschlussreicher, als sich in den unzähligen Indizien, die Le Corbusier zu seiner «Recherche patiente» hinterlassen hat, zahlreiche Hinweise auf einschlägige Inspirationen durch alte, anonyme Architekturen finden lassen.

Moderne Gestaltung sollte einen zugleich anonymen und kollektiven Charakter haben: diese Überzeugung Sigfried Giedions teilten in den Zwanzigerjahren viele Anhänger der modernen Bewegung. Ingenieurbauten und anonyme Architekturen rückten damit gleichermassen ins Zentrum des Interesses. Sie dienten nicht nur als Anregung für das eigene Schaffen, sondern auch als Legitimation, als Bestätigung dafür, dass man sich auf dem richtigen Weg befand. So ist noch das 1941 erschienene einflussreichste Werk Sigfried Giedions *Raum, Zeit, Architektur* (ursprünglich *Space, Time and Architecture*), unter anderem der Versuch einer historischen Ableitung und einer Verankerung von konstituierenden Elementen der modernen Architektur in der Geschichte. Dass Giedion zuletzt die moderne Architektur als Synthese alles Vergangenen sah – wir haben die Verbindung aus «Erster» und «Zweiter Raumkonzeption» erwähnt –, erscheint aus dieser Sicht logisch. – Heute ist die moderne Architektur inzwischen selbst zum Steinbruch geworden, der sich für die eigene Arbeit ausbeuten lässt. Der Schwerpunkt des Interesses an der einheimischen Tradition liegt wohl hauptsächlich auf der Ebene des Konstruktiven. Im Holzbau scheint es möglich, die einheimischen Ressourcen etwa des Davoser Hochtals mit neusten Technologien zu verarbeiten und dabei – unter anderem – auch traditionelle Bauweisen zu neuem Leben zu erwecken.

Anmerkungen

Andres Giedion
Die «Alte Sennhütte» von Ernst Ludwig Kirchner, das Paradestück eines Davoser Alpeinhofes

1. Ernst Ludwig Kirchner. Werke 1917–1923. Ausstellungskatalog (E.W. Kornfeld), p. 156–159, E.L. Kirchner-Museum, Davos Platz, 1989. [zit.: Kornfeld, Kirchner]
2. Peter Guler, Rätselhafte Hauszeichen, p. 76, Chur und Bottmingen, 1992. [zit.: Guler Hauszeichen]
3. Dafür spricht besonders der die Kellermauer überragende Fussboden der Bettenkammer.
4. Die Bauweise, dem Keller aus einer früheren Bauphase einen neuen, über die alten Mauern hinausragenden und damit teilweise «schwebenden» Gebäudeteil aufzusetzen, ist auch beim Heustall angedeutet und findet sich noch ausgeprägter bei der Hütte Ch4 auf der Chummeralp. Hier wird der weit überragende, aufgesetzte Heustall noch mit einer Säule abgestützt.
5. Guler, Hauszeichen, p. 131.

Andres Giedion und Annigna Guyan
Der Davoser Alpeinhof, eine Schöpfung der anonymen Architektur

1. Richard Weiss, Das Alpwesen Graubündens, p. 38, Erlenbach-Zürich, 1941. [zit.: Weiss, Alpwesen]
2. Weiss, Alpwesen, p. 36.
3. Weiss, Alpwesen, p. 37.
4. Handbuch der Bündner Geschichte, Band 4, Quellen und Materialien, p. 166–167, Chur, 2000.
5. Auf die relative Nähe der Davoser Alpsiedlungen zum Tal und deren Vorteil weist Valär 1806 hin: «Da die hiesigen Alpen meist nicht sehr weit von den Wohnungen entlegen sind, so hat man den Vortheil, dass die Senngeschäfte fast durchwegs vom weiblichen Theil der Familie besorgt werden, und dass die Hausmütter, die anderswo keine Sommerarbeiten versäumen, mit ihren Kindern hinaufziehen können.» Der Autor stellt ferner fest, dass es in der ganzen Landschaft Davos nur eine einzige Gemeinschaftssennerei gebe. J. Valär, Topographische Beschreibung der Landschaft Davos, NSR 2, p. 27–29, 1806. [zit.: Valär, Landschaft Davos]
6. Nach U. Senn wurde die gemauerte Sennhütte auf der Stafelalp 1881, diejenige auf der Chummeralp 1882 und auf der Bärenalp 1886 gebaut. Unklar bleibt, wieso die Sennhütte auf der Chummeralp die Jahreszahl von 1892 trägt. U. Senn, Die Alpwirtschaft der Landschaft Davos, p. 305, Geographica Helvetica, Band VII, 1952. [zit.: Senn, Alpwirtschaft].
Den Hinweis auf diese Publikation sowie weitere wichtige Informationen verdanken wir Florian Bätschi, Lengmatte.
7. A. Laely, Davoser Heimatkunde, Band I, p. 166–167. Davos, o.J. [zit.: Laely, Heimatkunde]
8. Weiss, Alpwesen.
9. Laely, Heimatkunde.
10. Senn, Alpwirtschaft.
11. Weiss, Alpwesen, p. 107.
12. Richard Weiss, Häuser und Landschaften der Schweiz, p. 38, Erlenbach-Zürich, 1941. [zit.: Weiss, Häuser]
13. Die von uns übernommene Formulierung «Alpeinhof» ist einer schriftlichen Mitteilung des Bündner Denkmalpflegers Diego Giovanoli von 1998 entnommen. Heute zieht er die Bezeichnung «Einhof auf Alpstufe» vor, die er auch in seinem mit Spannung erwarteten Werk «Nutzbauten in Graubünden» braucht.
14. Weiss, Häuser, p. 157.
15. Diego Giovanoli ist der massiven Galerie ausschliesslich beim Davoser Alpeinhof begegnet.
16. «Palgge» walserisch für Balken, Seelenfensterchen. Öffnung in der Hauswand, «die nach der Überlieferung dazu diente, die Seele des Verstorbenen hinauszulassen». Weiss, Häuser, p. 140.
17. Nach Simonett begegnet man erstmals um 1500 und bis ins 19. Jh. bei Bündner Wohnhäusern dieser Verzierung des Türsturzes. Wir trafen den «Eselsrücken» auch auf der Oberalp/Monstein (Ob1) sowie auf dem Stafel (St9) an. C. Simonett, Die Bauernhäuser des Kt. Graubünden, Band I, p. 31, Basel, 1965, und Band II, p. 163, 1968. [zit.: Simonett, Bauernhäuser]
18. Wir sind Herrn F. Jägli, Besitzer, Retter und Betreuer der Hütte, für die wertvollen Hinweise, Planskizzen und Einblicke in sein Photoarchiv zu Dank verpflichtet.
19. Laely, Heimatkunde, p. 137.
20. Da dieses Gebiet zeitweise dauerbesiedelt war, ist es für die Bauweise auf den eigentlichen Alpen nicht repräsentativ.
21. Diego Giovanoli, persönliche Mitteilung, 2000.
22. Weiss, Häuser, p. 157.
23. Weiss, Alpwesen, p. 108
24. Simonett, Bauernhäuser Band II, p. 70, Abb. 224, 225.
25. Simonett, Bauernhäuser Band I, p. 63.
26. Roland Flückiger-Seiler in: Die Bauernhäuser des Kantons Wallis, Bd. II, p. 326. Basel, 2000.
27. Christian Schmid, Als es noch Heinzen gab, in: Davoser Revue 7, 1999, p. 29.
28. Simonett, Bauernhäuser Bd.I, p. 145–147.

Annigna Guyan
Tradition und Neues Bauen. Der Holzbau in Davos

1. Hanspeter Rebsamen, Werner Stutz, Der Aufstieg von Davos, in: INSA Inventar der neueren Schweizer Architektur 1850–1920, p. 341–349, Basel, 1983. [zit.: Rebsamen, Davos]
2. Rebsamen, Davos, p. 363, 364 und 458 Anmerkung 116: Da verschiedene Begriffsmodelle für die Bezeichnung der Chaletbauten vorhanden sind, wurden für diesen Beitrag der Einfachheit halber die Chaletbauten auf den Schweizer Holzstil festgelegt.
3. a) Rebsamen, Davos p. 347 ff.
   b) Leni Henderson, Gaudenz Isslers Bauten, in: Gaudenz Issler 1853–1942, p. 37 ff., Davos, 1979.
4. Rebsamen, Davos p. 348, 363.
5. Christoph Kübler, Wider den hermetischen Zauber. Rationalistische Erneuerung alpiner Architektur um 1930. Rudolf Gabarel und Davos, p. 106, Chur, 1997. [zit.: Kübler, Gabarel]
6. a) Alfred Braeutigam, Die Teerpappe «Teerit». Gleichzeitig ein Beitrag zur Entwicklung der Dachpappenindustrie. in: VEDAG Vereinigte Dachpappen-Fabriken Aktiengesellschaft, p. 82–93, Berlin, 1931.
   b) Büsscher & Hoffmann, Büsscher & Hoffman AG Berlin 1852–1927, p. 9 ff., Berlin, 1927.
7. Annigna Guyan, Davos und die Architektur, in: Die vorweggenommene Moderne. Das Flachdach in Davos, p. 29–33, Davos, 1997. [zit.: Guyan, Davos]
8. Kübler, Gabarel, p. 156.
9. a) Holzkongress, in: Das Werk, Heft 10, 1936, p. 293–307.
   b) Kübler, Gabarel, p. 131.
10. Alle diese Bauten wurden von Rudolf Gabarel errichtet. Sie existieren heute nicht mehr: Das Eisbahngebäude wurde 1991 durch einen Brand zerstört, der Kindergarten ist bei der Renovation 2000 stark verändert worden, und der Musikpavillon musste in den 70er Jahren des 20. Jahrhunderts dem Bau eines Freibades weichen.
11. Dieses Credo beschrieb die aktuelle Auffassung der Moderne. Es wurde in leicht abgeänderter Form als «Licht, Luft, Öffnung» bei Sigfried Giedion, Befreites Wohnen, Zürich, 1929, als Untertitel auf dem Bucheinband gebraucht. Als Werbeslogan «Licht, Luft, Sonne, Ruhe» wurde es für den Prospekt des Sanatoriums Schatzalp (Ende Zwanzigerjahre 20. Jh.) gebraucht. Quintus Miller

schreibt in seinem Buch *Le Sanatorium. Architecture d'un isolement sublime,* dass Sigfried Giedion den Werbeslogan des Sanatoriums Schatzalp aufgenommen hätte.
12 Erwin Poeschel, Das Flache Dach in Davos, in: Das Werk, Heft 15, 1928, p. 102–115.
13 Guyan, Davos, p. 55–61.
14 Guyan, Davos, p. 22–23, 68: Holzzementpappe ist die Bezeichnung für die verbreitetste Teer-Dachpappe, welche in Deutschland und in der Schweiz ab 1860 auf Rollen hergestellt wurde.
15 Da das Dach nach Nordosten geneigt ist, treten laut den Besitzern im Winter regelmässig «Dachprobleme» in Form von Einfrieren des Schmelzwassers in der Dachrinne und den Abflussrohren auf. Emil Roth scheint entweder das Davoserdach, das zu dieser Zeit schon eine grosse Verbreitung aufwies, nicht gekannt zu haben oder gewichtete mögliche Probleme von grossen Schneemassen auf den Dächern als zu gering, um eine grössere Hinterlüftung (normalerweise 0,5 m bis 1 m, hier nur 0,04 m) bei seiner Dachkonstruktion anzubringen.
16 a) Werner Catrina, Mehr als ein Holzlieferant, in: Holzbauland Graubünden, p. 2ff., Gebäudeversicherung Graubünden, Chur, 1998.
b) Walter Bargäzi, Der Spielraum ist grösser, in: Holzbauland Graubünden, p. 53 ff., Gebäudeversicherung Graubünden, Chur, 1998.
17 Peter Donatsch, Individualität dank gemeinschaftlichem Einsatz, in: Terra Grischuna 3, p. 9, Chur, 2000.
18 Weiss, Häuser, p. 157. Das dividierende Prinzip steht im Kontrast zum addierenden Prinzip, welches bei traditionellen Blockbauten zur Anwendung kam.

Literatur

Donald E. Gordon, Ernst Ludwig Kirchner. Mit einem kritischen Katalog sämtlicher Gemälde, München, 1968.
Annemarie und Wolf-Dieter Dube, E. L. Kirchner. Das graphische Werk. Band I: Katalog, Band II: Abbildungen, München, 1967.
Eberhard W. Kornfeld, Ernst Ludwig Kirchner. Nachzeichnung seines Lebens, Bern, 1979.
Eberhard W. Kornfeld, Gut in den Lärchen. Die Geschichte eines Hauses in Frauenkirch, Bern, 1996.

Bildnachweis

Carola Giedion-Welcker: Abb. 1, 2.
Sigfried Giedion: Abb. 3.
J.-F. Münger, Davos: Abb. 12, 13, 14, 19, 30, 31, 34, 37, 40.
Heinz Kunz, Kreuzlingen: Abb. 43, 58.
Thomas Burla: S. 46–61, 111, 112.
Annigna Guyan: Abb. 50, 94, 96, 97, 100–105.
Institut für Geschichte und Theorie der Architektur (gta), ETH Zürich: Abb. 98.
Foto Otto Furter, Davos: Abb. 88, 89, 90, 99.
Planarchiv des Architektur Büros Walter und Urs Krähenbühl in Davos: Abb. 95.
Atelier van Lieshout, A Manual, p. 227, Rotterdam, 1997: Abb. 108.
Werk, 15/1928: Abb. 92, 93.
Werk,, 7/1963: Abb. 109.
Werk, 11/1976: Abb. 115.
Archiv Gigon & Guyer: Abb. 110.
Prof. Arthur Rüegg, ETHZ: Abb. 111, 116.
Vincent Scully, Louis I. Kahn, Abb. 49, New York, 1963: Abb. 113.
Le Corbusier, Œuvre Complète, Bd. 8, p. 150, Zürich, 1970: Abb. 114.
Übrige Bilder: Andres Giedion.

© 2002 ProLitteris, 8033 Zürich für die Werke von Giorgio Morandi, Le Corbusier und Piet Mondrian.